Hurra, hurra, die Ferien sind da!

Wenn dir mal langweilig ist, weil die Fahrt zum Urlaubsort zu lange dauert, das Wetter schlecht ist, du krank im Bett liegst oder dir einfach nix einfällt, dann vertreibt dir dieser Block mit vielen Rätseln und Aufgaben die Langeweile.

Du brauchst nur deinen Kopf zum Denken und einen Stift, und schon kann es losgehen. Wenn du Spaß am Ausmalen hast, dann leg dir Buntstifte bereit.

Du kannst auf der Seite anfangen, die dir am besten gefällt, oder den Block von vorne nach hinten durchknobeln. Auf den letzten Seiten sind Spiele, die du mit deinen Freunden oder der Familie gemeinsam spielen kannst. Du erkennst sie an den zwei Männchen ➡.

Langeweile war gestern, ab heute wird gerätselt!

Am Meer

Wenn du alle Zahlen der Fünferreihe miteinander verbindest, erkennst du ein Gebäude, das am Meer zu finden ist. Beginne bei 5.

TIPP
Die Zahlen gehen über das kleine Einmaleins hinaus. Zähle auch ab 50 immer 5 dazu.

Lösung auf Seite 4

Lösung von Seite 3: Leuchtturm

Am Meer und im Meer zu Hause

Welche drei Tiere leben nicht am Meer oder im Meer?

Lösung: Biber | Schwan | Frosch

Eiszeit

Im Sommer gibt es an jeder Ecke leckeres Eis zu kaufen. Verbinde die Silben, die zusammen eine Eissorte ergeben, jeweils mit einer anderen Farbe!

Va   lo   Scho   Zi

kos   la   de   le

Pfir   Him   re   Ko

na   sel   sich

nil   ne   tro   nuss

Me   Ba   ne   Ha

ko   ne   bee

Lösung auf Seite 6

Lösung von Seite 5:
Vanille, Schokolade, Zitrone, Pfirsich, Himbeere, Kokos, Melone, Haselnuss, Banane

Koffer packen

Hast du deinen Koffer für die Ferien schon gepackt? Denk dir zu jedem Buchstaben eine Sache aus, die du mitnehmen willst.

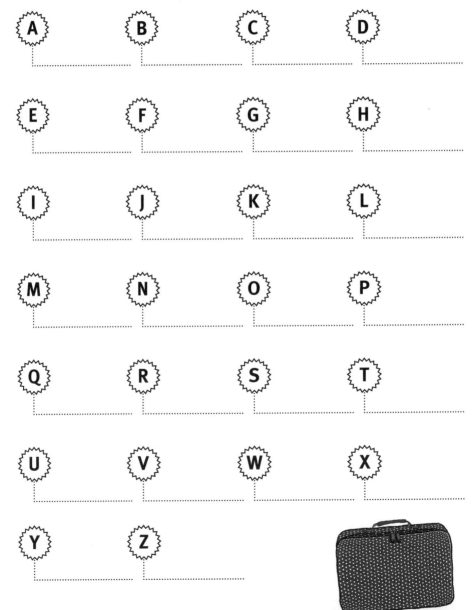

Deutschlandreise

Schreibe den Ortsnamen, in dem jede Sehenswürdigkeit zu finden ist, richtig herum auf.

Brandenburger Tor
NILREB

Kölner Dom
NLÖK

Bremer Stadtmusikanten
NEMERB

Frauenkirche
NEHCNÜM

Zwinger
NEDSERD

Messeturm
NAIM MA TRUFKNARF

Schloss Neuschwanstein
UAGNAWHCS

Leuchtturm
EDNÜMENRAW

Wartburg
HCANESIE

Schloss
GREBLEDIEH

Lösung auf Seite 8

Lösung von Seite 7: BERLIN, KÖLN, BREMEN, MÜNCHEN, DRESDEN, FRANKFURT AM MAIN, SCHWANGAU, WARNEMÜNDE, EISENACH, HEIDELBERG

Male ein Schloss, wie du es dir vorstellst!

Jahreszeiten

Zu jeder Jahreszeit passen je fünf Begriffe. Ziehe Striche und schreibe immer einen Begriff dazu, der dir zusätzlich einfällt.

Freibad

Schneeballschlacht

Schlitten

Eisblumen

Lamm

Heiligabend

Tulpen

Hitzefrei

Halloween

große Ferien

Wind

Kirschen

Ostern

Drachen

Aprilscherz

Schlittschuhe

Schokohase

Äpfel

Schmetterlinge

bunte Blätter

Lösung auf Seite 10

Lösung von Seite 9:
Frühling: Tulpen, Ostern, Aprilscherz, Schokohase, Lamm
Sommer: Freibad, große Ferien, Hitzefrei, Schmetterlinge, Kirschen
Herbst: Drachen, Halloween, Wind, Äpfel, bunte Blätter
Winter: Schlitten, Heiligabend, Schneeballschlacht, Schlittschuhe, Eisblumen

Alles Sommer oder nicht?

Streiche die Bilder durch, die nicht zum Sommer passen!

Lösung: Stiefel, Schneemann, Osterei, Skier, Kastanie, Weihnachtsbaum

Buchstabengitter

In diesem Buchstabengitter haben sich acht Begriffe zum Thema Sommerferien versteckt. Kannst du sie finden? Kreise ein.

TIPP
Löse die Fragen, dann erfährst du die gesuchten Wörter!

Verkehrsmittel mit vier Rädern: __ __ __ __

Sorgt am Himmel für Wärme und Licht: __ __ __ __ __

Ist kalt und man kann es schlecken: __ __ __

Tier, das im Meer oft beim Baden stören: __ __ __ __ __ __

Darin kann man im Freien schlafen: __ __ __ __

Riesige Blume mit gelben Blütenblättern:

__ __ __ __ __ __ __ __ __ __

Kleines Insekt, das Blut saugt: __ __ __ __ __

Bunte Erscheinung am Himmel bei Sonne und Regen:

__ __ __ __ __ __ __ __

S	O	N	N	E	N	B	L	U	M	E	Q
O	W	E	R	I	T	Z	U	I	O	P	Ü
N	F	Ä	D	S	A	S	H	J	K	L	R
N	C	A	S	X	C	V	B	N	M	Ö	E
E	B	S	H	Q	U	A	L	L	E	I	G
M	N	B	V	C	X	Y	A	B	G	Z	E
M	Ü	C	K	E	R	E	W	B	V	F	N
J	K	L	Ö	M	Ä	N	G	H	I	X	B
S	C	H	Z	A	T	Z	R	A	U	T	O
M	A	U	E	B	F	R	T	Z	U	H	G
M	H	G	L	O	P	Z	T	R	E	W	E
A	S	F	T	B	A	U	R	F	G	H	N

Lösung auf Seite 12

Lösung von Seite 11:

S	O	N	N	E	N	B	L	U	M	E	
O				I							
N		:	S								R
N											E
E				Q	U	A	L	L	E		G
											E
M	Ü	C	K	E							N
											B
			Z					A	U	T	O
			E								G
			L								E
			T								N

Male einen bunten Regenbogen!

Finde die Fehler!

Im zweiten Bild haben sich acht Fehler eingeschlichen.
Entdeckst du sie? Kreise ein.

Lösung auf Seite 14

Lösung von Seite 13:

Eis kaufen

Vater Babbelkopp geht für seine Familie Eis kaufen.
Wie viel muss er bezahlen, wenn eine Eiskugel 1 € kostet?

Vater Babbelkopp will 2 Kugeln. Das kostet ____ €

Mutter Babbelkopp möchte genauso viele wie Papa. Das kostet ____ €

Sohn Lukas mag 4 Kugeln. Das kostet ____ €

Tochter Pia will eine weniger als Lukas. Das kostet ____ €

Und Klein-Mina bekommt 1 Kugel. Das kostet ____ €

Das macht zusammen: ____ €

Lösung auf Seite 15

Drachen steigen lassen

Der Sommer ist diesmal recht stürmisch und man kann Drachen fliegen lassen. Welcher Drachen gehört zu welchem Kind? Folge den Fäden.

Lösung auf Seite 16

Lösung von Seite 15: A2 | B4 | C3 | D1

Male deinen Lieblingsdrachen!

Schul-Kreuzworträtsel

1. Bringt den Schülern etwas bei.
2. Beschreibbare große Fläche, die im Klassenraum hängt.
3. Kurzwort für Füllfederhalter
4. Darin werden Noten und die Anwesenheit der Schüler eingetragen.
5. Bekommen Schüler am Ende des Schuljahres.
6. Unterrichtsfreie Zeit. Mehrere Tage oder Wochen am Stück.
7. Zeit zwischen den Schulstunden
8. Schultasche für Grundschüler
9. Farbige Schreib- oder Malgeräte
10. Unterrichtsfach, das sich mit Rechnen beschäftigt.
11. Klassenkamerad, der neben einem sitzt.
12. Mehrtägige Reise mit seinen Mitschülern
13. Unterrichtsfach, in dem man singt.
14. Darin schreibt man.
15. Wird zum Entfernen von Bleistiftstrichen benutzt.

Lösung auf Seite 18

Lösung von Seite 17:

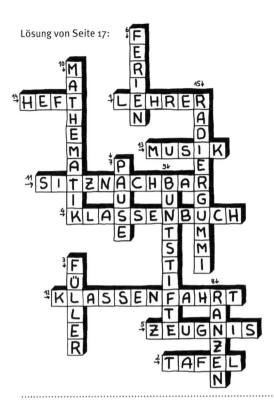

Schulnoten

Vergib Schulnoten von 1 bis 6 für verschiedene Fächer und Lehrer!

	Mathe	Deutsch	Musik	Sport	Kunst	Sachkunde
Note für das Fach						
Note für den Lehrer						

Erdbeer-Wettpflücken

Lina, Lukas, Maja und Frido gehen Erdbeeren pflücken und starten einen Wettkampf. Nach einer Minute halten sie die Zeit an. Wie viele Erdbeeren hat jeder von ihnen gepflückt? Schreibe die richtige Anzahl in die Körbchen!

TIPP
Beginne mit Frido!

Lina pflückt mehr als 10, aber weniger als Frido. Lukas hat 2 mehr als Lina in seinem Körbchen. Maja pflückt 3 weniger als Frido. Frido ist der Zweitbeste und sammelt 3 · 4 Erdbeeren.

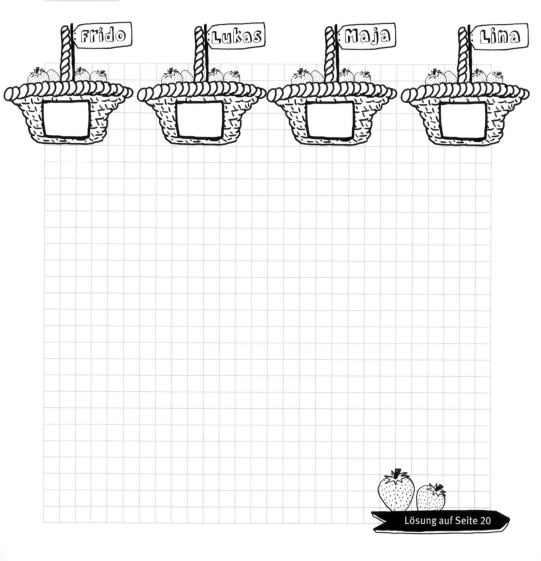

Lösung auf Seite 20

Lösung von Seite 19: Frido 12, Lukas 13, Maja 9, Lina 11

Noch mehr Erdbeeren!

Jetzt bist du mit Erdbeerpflücken dran. Umkreise immer fünf Erdbeeren! Wie viele sind es insgesamt und wie viele bleiben übrig?

Insgesamt: _____   **Übrig bleiben:** _____

Lösung: 42 insgesamt und 2 bleiben übrig.

Tierfamilien

Zu einer Tierfamilie gehören: Mutter, Vater, Kind. Aber wer ist wer? Schreibe zu jedem Begriff unten ein **M** für Mutter, ein **V** für Vater oder ein **K** für Kind!

	EBER ○	FERKEL ○	SAU ○
	KALB ○	KUH ○	BULLE ○
	BACHE ○	KEILER ○	FRISCHLING ○
	HAHN ○	KÜKEN ○	HENNE ○
	KITZ ○	BOCK ○	RICKE ○
	ZIBBE ○	WIDDER ○	LAMM ○

Lösung auf Seite 22

Lösung von Seite 21:
Schwein: Eber (V), Ferkel (K), Sau (M) | **Rind:** Kalb (K), Kuh (M), Bulle (V) | **Wildschwein:** Bache (M), Keiler (V), Frischling (K) | **Huhn:** Hahn (V), Küken (K), Henne (M) | **Reh:** Kitz (K), Bock (V), Ricke (M) | **Schaf:** Zibbe (M), Widder (V), Lamm (K)

Male eine bunte Hühnerfamilie mit Hahn, Henne und Küken um die Körnerschale!

Märchen-Musikanten

A In welche Stadt wollen vier ausgediente Tiere ziehen, um Stadtmusikanten zu werden? Kreuze an.

○ HAMBURG ○ ENTENHAUSEN ○ BREMEN ○ LUDWIGSLUST

B Welche Tiere spielen in dem Märchen eine Hauptrolle? Kreuze an!

C In welcher Reihenfolge steigen die Tiere übereinander, um die Räuber im Wald zu erschrecken? Die 1 steht für unten und die 4 für ganz oben.

4 _____
3 _____
2 _____
1 _____

Lösung auf Seite 24

Lösung von Seite 23: A. Bremen | B. Esel, Hahn, Hund, Katze | C. 4. Hahn, 3. Katze, 2. Hund, 1. Esel

Male die Bremer Stadtmusikanten in bunten Farben!

Zahlenmix

Wie oft hat sich hier die Zahl **9** versteckt?

1	2	2	4	5	6	8	9	0	9	6	5	4	2	2
9	7	2	4	2	6	1	2	0	8	5	9	0	5	4
8	5	4	8	2	9	1	0	2	4	1	1	6	8	9
8	9	7	5	4	9	2	9	8	6	9	0	2	3	0
2	5	6	4	6	7	9	6	4	6	5	8	9	0	7
1	9	0	8	9	5	0	6	0	8	6	0	5	0	0
4	8	2	6	0	4	8	2	6	7	4	8	2	6	0
2	4	6	8	0	2	4	6	3	0	4	6	8	0	2
8	5	0	2	5	4	8	9	0	5	1	0	9	6	4
1	6	2	8	4	0	6	2	8	4	6	2	8	3	0
4	7	5	1	2	9	8	4	5	3	5	4	6	8	9
0	6	3	0	7	4	1	8	5	1	5	7	8	0	6
5	0	9	8	6	5	4	2	1	1	2	5	6	9	0
3	2	8	4	2	7	6	5	8	9	9	8	6	0	4
0	8	6	4	2	1	6	5	8	9	2	5	0	8	5

Lösung: ___-mal

Lösung auf Seite 26

Lösung von Seite 25: 23-mal

1	2	2	4	5	6	8	9	0	9	6	5	4	2	2
9	7	2	4	2	6	1	2	0	8	5	9	0	5	4
8	5	4	8	2	9	1	0	2	4	1	1	6	8	9
8	9	7	5	4	9	2	9	8	6	9	0	2	3	0
2	5	6	4	6	7	9	6	4	6	5	8	9	0	7
1	9	0	8	9	5	0	6	0	8	6	0	5	0	0
4	8	2	6	0	4	8	2	6	7	4	8	2	6	0
2	4	6	8	0	2	4	6	3	0	4	6	8	0	2
8	5	0	2	5	4	8	9	0	5	1	0	9	6	4
1	6	2	8	4	0	6	2	8	4	6	2	8	3	0
4	7	5	1	2	9	8	4	5	3	5	4	6	8	9
0	6	3	0	7	4	1	8	5	1	5	7	8	0	6
5	0	9	8	6	5	4	2	1	1	2	5	6	9	0
3	2	8	4	2	7	6	5	8	9	9	8	6	0	4
0	8	6	4	2	1	6	5	8	9	2	5	0	8	5

Schreibe das Einmaleins mit 9 auf!

1 · 9 =

2 · 9 =

3 · 9 =

4 · 9 =

5 · 9 =

6 · 9 =

7 · 9 =

8 · 9 =

9 · 9 =

10 · 9 =

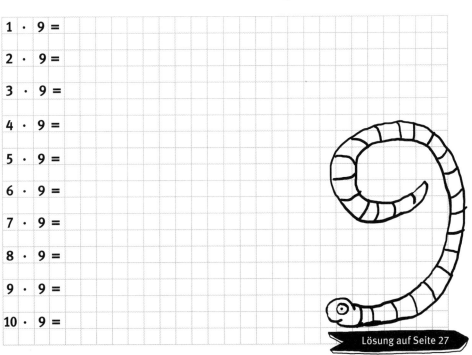

Lösung auf Seite 27

Lösung von Seite 26:
1 · 9 = 9 | 2 · 9 = 18 | 3 · 9 = 27 | 4 · 9 = 36 | 5 · 9 = 45 | 6 · 9 = 54 | 7 · 9 = 63 | 8 · 9 = 72 | 9 · 9 = 81 | 10 · 9 = 90

Und übrig bleiben ...

Rechne zuerst aus, wie oft die 9 in die Zahl mit dem Kreis passt, und trage das Ergebnis in die erste Lücke ein. Rechne dann die Malaufgabe aus.

BEISPIEL:

(90) → 10 · 3 = 30

A (45) → __ · 6 = __ __

F (18) → __ · 9 = __ __

B (54) → __ · 5 = __ __

G (63) → __ · 7 = __ __

C (36) → __ · 4 = __ __

H (81) → __ · 3 = __ __

D (45) → __ · 4 = __ __

I (90) → __ · 5 = __ __

E (27) → __ · 8 = __ __

J (72) → __ · 8 = __ __

Lösung auf Seite 28

Lösung von Seite 27:
- Ⓐ (45) → 5 · 6 = 30
- Ⓑ (54) → 6 · 5 = 30
- Ⓒ (36) → 4 · 4 = 16
- Ⓓ (45) → 5 · 4 = 20
- Ⓔ (27) → 3 · 8 = 24
- Ⓕ (18) → 2 · 9 = 18
- Ⓖ (63) → 7 · 7 = 49
- Ⓗ (81) → 9 · 3 = 27
- Ⓘ (90) → 10 · 5 = 50
- Ⓙ (72) → 8 · 8 = 64

Sonnenschirm

Male die Dreiecke des Sonnenschirms in folgender Reihenfolge an: rot, gelb, blau. Eine vierte Farbe kannst du dir aussuchen.
Wie oft kannst du jede Farbe benutzen?

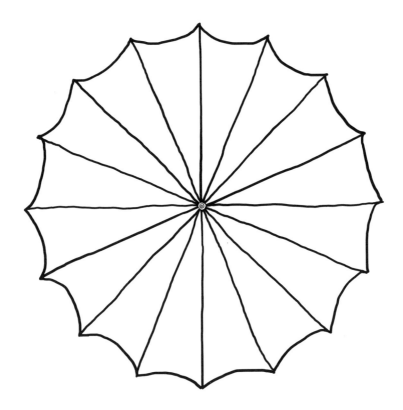

Lösung: viermal

Sieben auf einen Streich

Umkreise immer sieben Mücken! Wie viele bleiben übrig?

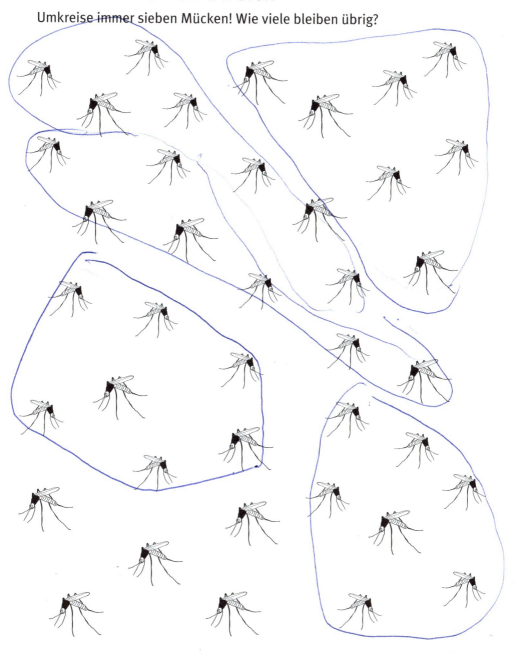

Lösung auf Seite 30

Lösung von Seite 29: 5 Mücken bleiben übrig.

Zeichne das Spinnennetz zu Ende und male eine Spinne hinein!

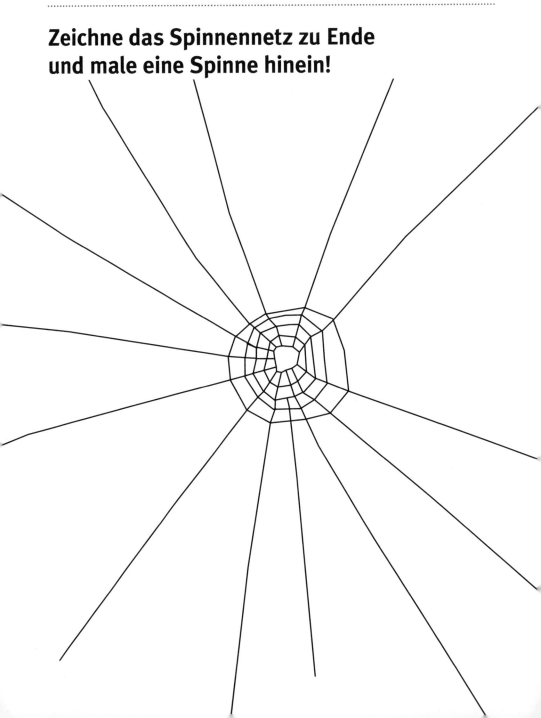

Federvieh

Kannst du die verschiedenen Geflügelarten unterscheiden?
Verbinde immer ein Bild mit der richtigen Bezeichnung!

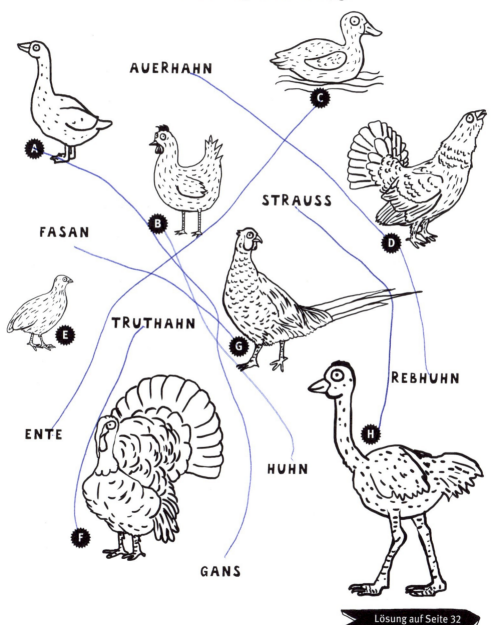

Lösung von Seite 31:
A. Gans | B. Huhn | C. Ente | D. Auerhahn | E. Rebhuhn | F. Truthahn | G. Fasan | H. Strauß

Bauernhof

Kreise die Tiere ein, die auf einem Bauernhof gehalten werden!

Lösung: Schaf, Kuh, Schwein, Gans, Ziege, Pferd, Huhn

Richtig oder falsch?

Sind diese Aussagen richtig oder falsch?
Kreuze an!

	Richtig	Falsch
A Fleischfressende Pflanzen ernähren sich von Fliegen und anderen Insekten.	✗	
B Auch Wasserpflanzen brauchen Sonnenlicht zum Leben.		
C Mammutbäume, die in Nordamerika wachsen, können 4000 Jahre alt werden.		
D Hirsche brauchen ihre Geweihe, um sich den Weg zwischen Bäumen frei zu bahnen.		
E Die Fellfarbe von Hasen bleibt das ganze Jahr gleich.		
F Eisbären haben unter ihrem Fell eine schwarze Haut, die Wärme speichern kann.		
G Lamas können 2–3 Meter weit spucken.		
H Igel benutzen ihre Stachel, um Fallobst aufzufangen.		
I Die dicken Backen der Hamster dienen als Vorratskammer bei der Futtersuche.		
J Koalas tragen ihre Babys wie Schimpansen auf dem Rücken.		

Lösung auf Seite 34

Lösung von Seite 33:
Falsch sind folgende Behauptungen: D, E, H, J
Wissen für Schlauberger: Hirsche kämpfen mit ihrem Geweih um die Weibchen. I Hasen passen ihr Fell der Jahreszeit an, um sich vor Feinden zu schützen. Im Winter ist es oft weiß und im Sommer braun. I Igel schützen sich mit ihren Stacheln vor Feinden, z.B. dem Fuchs. I Koalas sind wie Kängurus Beuteltiere und tragen ihren Nachwuchs in einem Bauchbeutel, bis er zu groß ist.

Male eine Fleischfressende Pflanze, die gerade eine Fliege fängt!

Wortstücke

Verbinde immer zwei Wörter miteinander, die zusammen ein sinnvolles Wort ergeben.

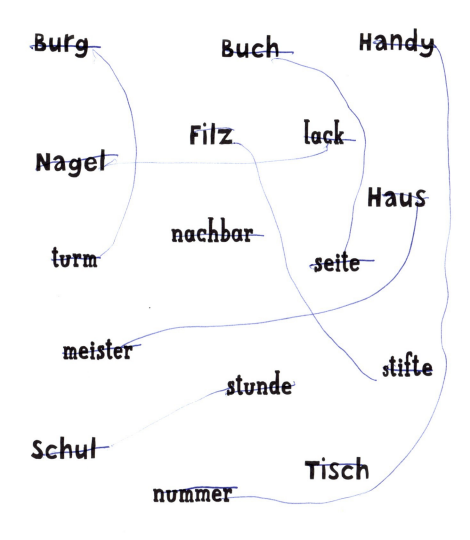

Male der Burg Türme, Fenster und Fahnen!

Heimisches Obst

Welche dieser Früchte wachsen an einem Baum, an einem Strauch oder an Reben? Male sie richtig in die Bilder hinein!

Lösung auf Seite 38

Blaubeertörtchen

Luzie hat mit drei Freundinnen im Garten Blaubeeren gepflückt. Zusammen haben sie 48 Beeren. Jede von ihnen belegt ein Törtchen mit 10 Blaubeeren.
Male die Früchte auf jedes Törtchen. Wie viele Blaubeeren kann jedes Mädchen außerdem noch vernaschen?

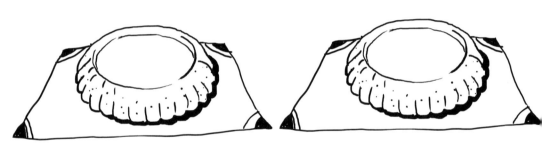

Lösung: Es bleiben acht Blaubeeren übrig. Jedes Mädchen kann noch zwei davon naschen.

Obst oder Gemüse

Unterscheide Obst- und Gemüsesorten und kreuze richtig an!

	OBST	GEMÜSE
APRIKOSE	APRIKOSE	FELDSALAT
BIRNE	BIRNE	GURKE
BLUMENKOHL	BROMBEERE	KARTOFFEL
BROKKOLI	KIRSCHE	RADIESCHEN
BROMBEERE	MANGO	TOMATE
FELDSALAT	MELONE	SPARGEL
GURKE	NEKTARINE	BLUMENKOHL
KARTOFFEL	PFIRSICH	
KIRSCHE	PFLAUME	
MANGO	STACHELBEERE	
MELONE	ZITRONE	
NEKTARINE	~~SPARGEL~~	
PFIRSICH	BROKKOLI	
PFLAUME		
RADIESCHEN		
SPARGEL		
STACHELBEERE		
TOMATE		
ZITRONE		

Lösung auf Seite 40

Lösung von Seite 39:
Obst: Aprikose, Birne, Brombeere, Kirsche, Mango, Melone, Nektarine, Pfirsich, Pflaume, Stachelbeere, Zitrone | **Gemüse:** Blumenkohl, Brokkoli, Feldsalat, Gurke, Kartoffel, Radieschen, Spargel, Tomate

Das mag ich – das mag ich nicht!

Trage in die Tabelle die Obst- und Gemüsesorten ein, die du magst und die du nicht gern isst!

OBST ODER GEMÜSE	LECKER!	PFUI, TEUFEL!

Wortschlangen – für Anfänger

Verbinde die Buchstaben durch Pfeile und schreibe jedes Wort auf die Linie darunter!

Beispiel:

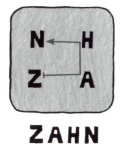
ZAHN

ARZT

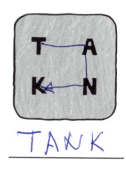
TANK

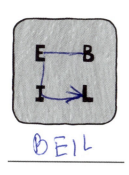
BEIL

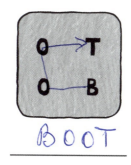
BOOT

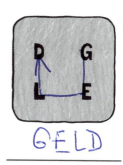
GELD

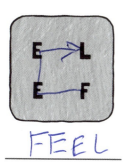
FEEL

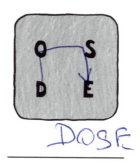
DOSE

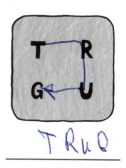
TRUG

Lösung auf Seite 44

Wortschlangen – für Fortgeschrittene

Verbinde die Buchstaben durch Pfeile und schreibe jedes Wort auf die Linie darunter!

TIPP
Jeder Anfangsbuchstabe ist durchsichtig.

_____   _____   _____

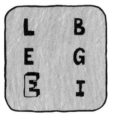 

_____   _____   _____

_____   _____   _____

Lösung auf Seite 44

Wortschlangen – für Könner

Verbinde die Buchstaben durch Pfeile und schreibe jedes Wort auf die Linie darunter!

TIPP
Jeder Anfangsbuchstabe ist durchsichtig.

 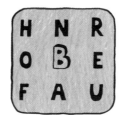 

_____ _____ _____

_____ _____ _____

_____ _____ _____

Lösung auf Seite 44

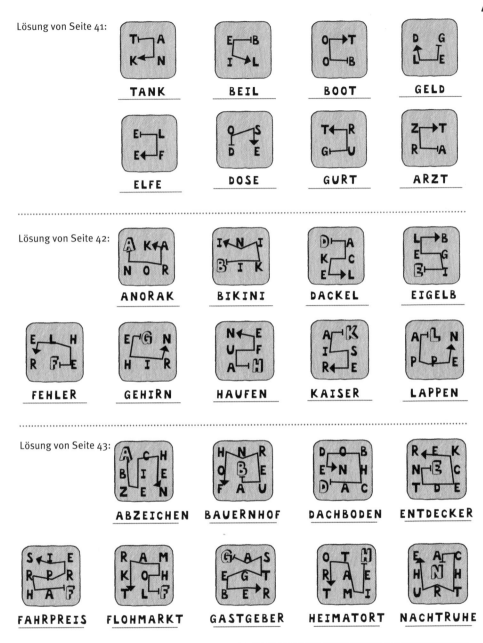

Wo kommt der Vorname her?

Male immer zwei Formen, die gleich aussehen, in derselben Farbe aus. Dann weißt du, aus welchem Land jeder Name stammt.

Lösung von Seite 45: Natascha – Russland | Jinjin – China | Chloé – Frankreich | Matteo – Italien | Ahmet – Türkei | Isabella – Spanien | James – England | Jakub – Polen

Länderkunde

Rate, welches Land gemeint ist!

1 In der Hauptstadt dieses Landes steht der Eiffelturm.

F R A N K R E I C H

2 Aus diesem Land in Asien stammen Judo und Sushi.

J A P A N

3 In der Fußball-Nationalmannschaft dieses Nachbarlandes von Deutschland spielt Robert Lewandowski.

P O L E N

4 In diesem Land isst man besonders gern Nudeln und Pizza.

I T A L I E N

5 Viele Menschen aus diesem Land am Mittelmeer leben seit vielen Jahren in Deutschland.

T Ü R K E I

6 Dieses Land zählt zu Skandinavien und grenzt an Deutschland.

D Ä N E M A R K

7 In diesem Nachbarland von Deutschland spricht man auch Deutsch.

Ö S T E R R E I C H

8 Dieses afrikanische Land ist nach einer Himmelsrichtung benannt, die genau gegenüber von Norden liegt.

S Ü D A F R I K A

Lösung: 1. FRANKREICH, 2. JAPAN, 3. POLEN, 4. ITALIEN, 5. TÜRKEI, 6. DÄNEMARK, 7. ÖSTERREICH, 8. SÜDAFRIKA

Naturquiz

Kreuze an.

1. Seepferdchen sind ...

- ☒ a. Fische.
- ☐ b. Muscheln.
- ☐ c. Steine.

2. Was sind Muschelperlen?

- ☐ a. Edelsteine, die Seeräuber früher in den Muscheln versteckten.
- ☐ b. Sandkörner, die in langer Zeit von den Muscheln mit vielen Schichten Perlmutt umgeben werden.
- ☒ c. Das Herz der Muschel.

3. Was können Fledermäuse nicht?

- ☐ a. schlafen
- ☒ b. laufen
- ☐ c. sehen

4. Zugvögel sind Vögel, die ...

- ☐ a. auf Zügen mitfahren.
- ☐ b. ständig in neue Nester umziehen.
- ☒ c. im Winter in den Süden fliegen.

5. Der Pfau schlägt ein Rad, um ...

- ☒ a. einem Weibchen zu gefallen.
- ☐ b. Staub und Schmutz abzuwehren.
- ☐ c. sich vor Nestdieben zu schützen.

6. Warum haben Flamingos rosa Federn?

- ☐ a. Sie trinken zu viel Himbeerbrause.
- ☒ b. In den Krebsen, die Flamingos fressen, ist ein Farbstoff, der das Federkleid rosa färbt.
- ☐ c. Sie reiben sich an rosa Pflanzen.

Lösung auf Seite 48

7. Warum können Insekten an der Decke laufen?

○ a. Sie speicheln ihre Füße mit Klebstoff ein.
○ b. Sie können zaubern.
⊗ c. An ihren Beinen sind winzige Saugnäpfe, mit denen sie sich festhalten können.

8. Wie heißt der Wohnort der Bienen?

○ a. Bienenknüppel
⊗ b. Bienenstock
○ c. Bienenlatte

9. Schlangen häuten sich, weil ...

⊗ a. ihre Haut nicht mitwächst und sie irgendwann zu eng wird.
○ b. ihnen manchmal zu warm wird.
○ c. sie sich nie waschen und die Haut juckt.

10. Wozu benutzen Eichhörnchen ihren Schwanz?

⊗ a. Zum Halten des Gleichgewichts beim Springen.
○ b. Zum Saubermachen.
○ c. Zum Kämpfen.

11. Giraffen haben einen langen Hals, um ...

○ a. bessere Luft zu atmen.
○ b. von weitem Feinde erkennen zu können.
⊗ c. Blätter in den Baumkronen zu erreichen.

12. Wann spucken Lamas?

○ a. Wenn sie zu viel essen.
○ b. Wenn sie einen Schluckauf haben.
⊗ c. Wenn man sie ärgert.

Lösung: 1a | 2b | 3b | 4c | 5a | 6b | 7c | 8b | 9a | 10a | 11c | 12c

Was macht der Weihnachtsmann im Sommer?

Streiche die Gegenstände durch, die der Weihnachtsmann im Sommer nicht gebrauchen kann!

Lösung auf Seite 50

Lösung von Seite 49: Skier, Schlitten, Pudelmütze, Handschuhe, Stiefel, Schal

Male einen lustigen Weihnachtsmann in Badehose!

Technik-Kreuzworträtsel

1. Leuchtkörper, der an ein Obst erinnert
2. Luftfahrzeug mit Drehflügeln
3. Dient zur Verringerung von Geschwindigkeit
4. Treibstoff für Autos
5. Es kommt aus der Steckdose.
6. Ein altes Gebäude, in dem man früher Mehl mahlte
7. Gefäß, in dem man Getränke warm oder kalt halten kann
8. Messgerät zum Ablesen der Temperatur
9. Messgerät zum Ablesen des Gewichts
10. Anderer Begriff für Faserschreiber
11. Name für einen Geländewagen
12. Wasserfahrzeug, das man mit Beinkraft bewegt

Lösung auf Seite 52

Lösung von Seite 51:

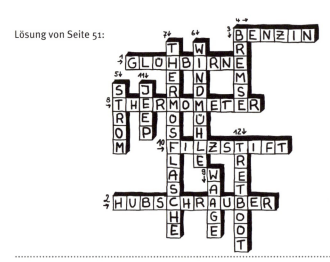

Fliegen oder fahren

Kreuze an, welche Fahrzeuge fliegen und welche fahren!

	FLIEGT	FÄHRT
AUTO		✓
FLUGZEUG	✓	
U-BOOT		✓
DAMPFER	✓	✓
RAUMSCHIFF	✓	
HUBSCHRAUBER	✓	
FAHRRAD		✓
TRETBOOT		✓
MOTORRAD		✓
CONTAINER-SCHIFF		✓

Lösung: **Fliegt:** Flugzeug, Raumschiff, Hubschrauber. | **Fährt:** Auto, U-Boot, Dampfer, Fahrrad, Tretboot, Motorrad, Containerschiff

Ausflug

Lena, Lilly, Leo und Lukas machen einen Ausflug in den Zoo.
Folge den Fäden und finde die Lieblingstiere der Kinder heraus.

Lösung auf Seite 54

Lösung von Seite 53: Lena – Krokodil | Lukas – Löwe | Leo – Affe | Lilly – Elefant

Male dein Lieblings-Zootier!

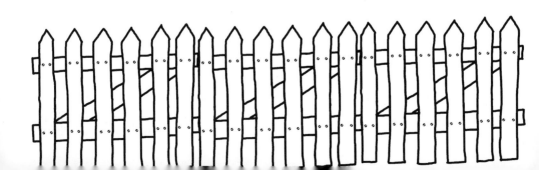

Tiergruppen

Ordne folgende Tiere ihren Gruppen zu!
Schreibe ihre Namen unter die richtigen Begriffe!

SÄUGETIER	VOGEL	FISCH	REPTIL
WAHL	EULE	SEEPFERD	SCHILDKRÖTE
MAUS	SCHWAN	HAI	KROKODIL
ELEFANT	HUHN	DELFIN	SCHLANGE

Lösung auf Seite 56

Lösung von Seite 5:

SÄUGETIER	VOGEL	FISCH	REPTIL
Maus	Eule	Seepferdchen	Schildkröte
Elefant	Schwan	Hai	Krokodil
Delfin	Huhn		Schlange
Wal			

Fischwitze

Schwimmt ein Fisch durchs Meer. Nach einer Weile trifft er einen anderen Fisch und sagt: „Blub." Sagt der andere Fisch: „Blub." Etwas später treffen sie einen weiteren Fisch, der sagt: „Blubblub." Meint der eine Fisch zum anderen: „So ein Schwätzer!"

Geht ein Fisch in die Apotheke und sagt: „Bitte ein Anti-Schuppen-Shampoo!"

Zwei kleine Fische treffen sich im Ozean. Sagt der eine fröhlich: „Hi!" Darauf der andere erschrocken: „Wo?"

Die Mutter betrachtet kritisch das trübe Wasser im Aquarium. Dann fragt sie streng ihre Tochter: „Hast du den Fischen überhaupt schon mal frisches Wasser gegeben, seitdem du sie von uns bekommen hast?" – „Wieso?", fragt die Tochter. „Sie haben das alte doch noch gar nicht ausgetrunken."

Ein Polizist steht in der Küche und versucht eine Fischbüchse zu öffnen. Erst reißt er die Lasche ab, dann verbeult er den Deckel. Schließlich nimmt der Polizist seinen Gummiknüppel, haut auf die Büchse und schreit: „Aufmachen, Polizei!"

Teilen

Löse die Aufgaben!

a Max geht nachmittags zu seinen Freunden Lukas und Malte und bringt 12 Bonbons mit. Wie viele bekommt jeder?

___ : ___ = ___

b 10 Kinder wollen malen. Im Zeichenblock sind noch 30 Blätter. Verteile die Blätter gerecht. Wie viele Blätter bekommt jedes Kind?

___ : ___ = ___

c Nele geht mit ihren 4 Freundinnen auf ein Sonnenblumenfeld. In einer Reihe stehen 25 Sonnenblumen. Wie viele kann jedes Mädchen pflücken, damit jedes von ihnen gleich viele hat?

___ : ___ = ___

d Der Bauer gibt seinen 6 Feriengästen zum Abschied 36 Äpfel. Auf wie viele Äpfel kann sich jeder Besucher freuen?

___ : ___ = ___

Achtung Scherzfrage!

e Die Mutter hat für ihre 3 Kinder auf dem Markt 4 Bananen, 10 Erdbeeren, 1 Melone, 20 Blaubeeren und 5 Äpfel gekauft. Wie löst sie das Problem, damit alle Kinder gleich viel bekommen?

Lösung auf Seite 58

Lösung von Seite 57: a. 4 | b. 3 | c. 5 | d. 6 | e. Die Mutter macht Obstsalat.

Viele Flächen

Schau genau hin! Wie viele Vierecke, Dreiecke und Kreise kannst du erkennen?

VIERECKE

LÖSUNG: _____

DREIECKE

LÖSUNG: _____

KREISE

LÖSUNG: _____

Lösung: 12 Vierecke, 14 Dreiecke, 10 Kreise

Wiederfinden

Suche folgende Wörter im Buchstaben-Durcheinander und unterstreiche sie!

EIS ☆ SOMMER ☆ SONNE ☆ REISE ☆ ZELT ☆ FERIEN ☆ WASSER ☆ AUTO

```
Q W E R T U I E I S Z U O P L K J H
G F R E D T D E S G B H N K T Z
M N B G H V F K C J L S K I M O
N O S O M M E R F B G H T Z F B N
K J H Z G K L S O M E R D F G R E W
S A C V S O N N E V B R T Z B
M N G H R T F D R E I S E R E I S
F R U T T H Z G Z F A W S F R M F
E I E R K U C H E N Z E L T H G T
F R D S E R W E R T F J K I L O K U
F E R I E N S O N N M N G B H T
F R G T S F A G L I M G S B G S B V
M J G H F Z S H W A S E R W A S
S E R R E W A S S E R G H T W W
T O A U T O T O O T A U T U A T
T O T U T A O T T A A U T T O A U T
```

Lösung auf Seite 60

Lösung von Seite 59:

Muster malen

Male die Muster genau so weiter, wie sie angefangen haben!

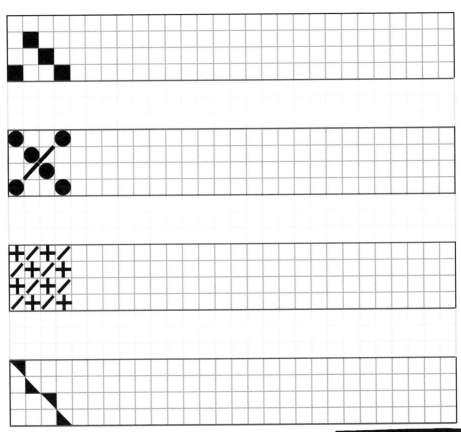

Lösung auf Seite 61

Lösung von Seite 60:

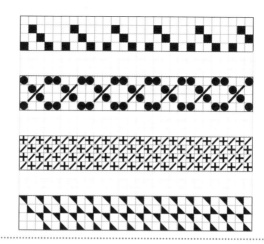

Vogelheimat

Verbinde immer einen Vogel mit dem Ort, an dem er sich gern aufhält!

MÖWE

GEBIRGE

PINGUIN

SCHWAN

MEER

STORCH

EISSCHOLLE

SEE

PAPAGEI

ADLER

REGENWALD

HAUSDACH

Lösung auf Seite 62

Male das prächtige Federkleid des Adlers bunt aus!

Was gehört zusammen?
Ziehe Striche!

Lösung auf Seite 64

Lösung von Seite 63: Biene – Honig | Schmetterling – Raupe | Flöte – Notenschlüssel |
Füller – Heft | Sonnenbrille – Sonne | Blumentopf – Gießkanne | Nadel – Faden

Zeichne die andere Hälfte des Schmetterlings genauso wie die linke und male ihn bunt aus!

Marienkäfer

Zähle die Punkte der Marienkäfer! Wie viele sind es insgesamt?

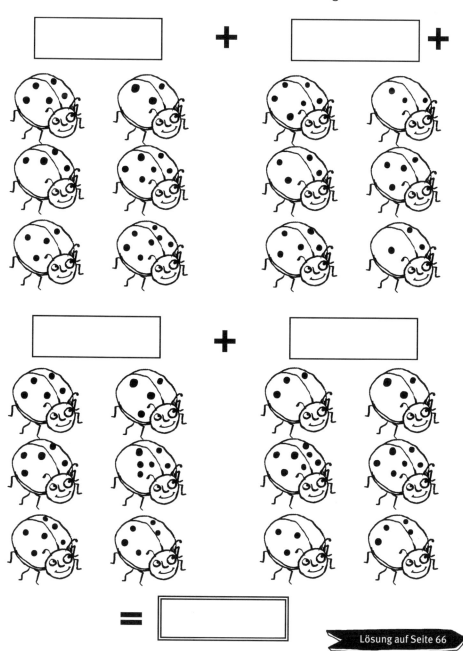

Lösung auf Seite 66

Lösung von Seite 65: 29 + 25 + 31 + 26 = 111

Fliegen, krabbeln, schleichen, stechen

Streiche die Tiere fett durch, die du nicht ausstehen kannst!

SPINNEN   BIENEN   BREMSEN
GLÜHWÜRMCHEN
FLÖHE   SCHLANGEN
LÄUSE
LIBELLEN
ECHSEN   GRILLEN   FLIEGEN
RAUPEN
MÜCKEN
HORNISSEN
MAIKÄFER
SCHNECKEN
AMEISEN
SCHMETTERLINGE
WESPEN
MISTKÄFER
HEUSCHRECKEN
HUMMELN
REGENWÜRMER
MARIENKÄFER

In der Burgküche

Finde im Bild fünf Dinge, die es zu Ritterzeiten noch nicht gab!

Lösung auf Seite 68

Lösung von Seite 67:

Das gab's schon!

Welche dieser Dinge gab es schon zur Ritterzeit im Mittelalter?
Kreise ein!

EISEN   PORZELLAN   FEUER

GETREIDE   LEDER   HONIG

WOLLE   GUMMI   RADIO

STROM   BÄUME   PLASTIK

Lösung: EISEN, FEUER, GETREIDE, LEDER, HONIG, WOLLE, BÄUME

Die Waffen der Ritter

Verbinde jede Waffe mit dem richtigen Begriff durch einen Strich!

Lösung von Seite 69: A. Armbrust | B. Morgenstern | C. Pfeil und Bogen | D. Axt | E. Schwert | F. Streitkolben | G. Schild | H. Lanze

Male einen mutigen Ritter in seiner Rüstung!

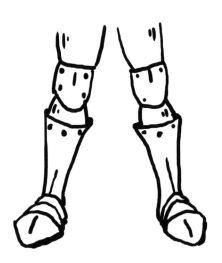

Handarbeit

Lina will ihrer Mutter einen Untersetzer basteln. Male die Vorlage nach den Anweisungen aus und zähle am Ende nach, wie viele Perlen Lina von jeder Farbe braucht.

G (GRÜN) = _____   O (ORANGE) = _____

B (BLAU) = _____   R (ROT) = _____

	O	B	B	G	G	B	B	O
	B	G	G	R	R	G	G	B
	B	G	G	R	R	G	G	B
	O	B	B	O	O	B	B	O
	O	B	B	O	O	B	B	O
	B	G	G	R	R	G	G	B
	B	G	G	R	R	G	G	B
	O	B	B	G	G	B	B	O

Lösung auf Seite 72

Lösung von Seite 71: G = 20 | O = 12 | B = 24 | R = 8

Male dein eigenes Muster bunt aus!

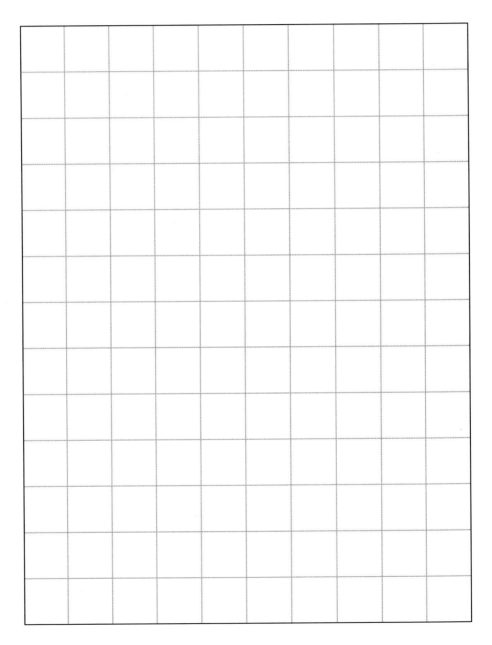

Hundespaziergang

Zwei Sachen brauchst du, um mit einem Hund Gassi zu gehen. Bringe die Buchstaben in die richtige Reihenfolge und du erfährst, wie sie heißen!

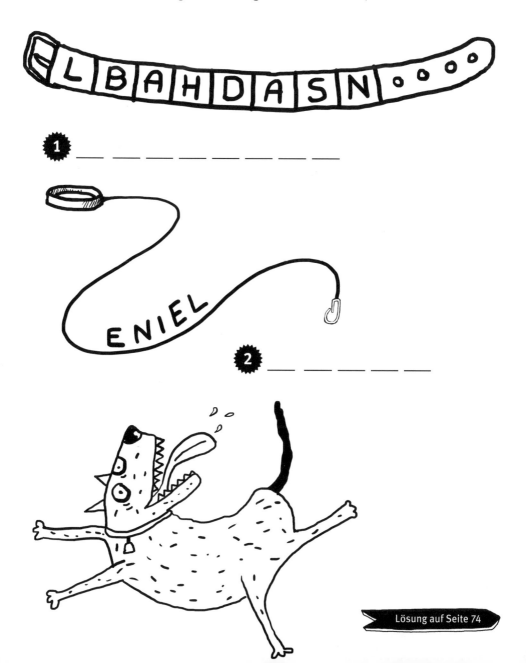

Lösung auf Seite 74

Lösung von Seite 73: 1. Halsband | 2. Leine

Hundefreund

Verbinde jede Hunderasse mit dem richtigen Bild!

Lösung: A. Schäferhund | B. Pudel | C. Dackel | D. Chihuahua | E. Dalmatiner | F. Yorkshire-Terrier | G. Boxer | H. Bernhardiner

Amphibien

Amphibien sind Tiere, die an Land leben, sich aber nur im Wasser fortpflanzen können. Löse das Bilderrätsel und du erfährst, wie diese Tiergruppe auf Deutsch heißt. Schreibe zuerst den gesuchten Begriff auf und streiche dann die Buchstaben durch.

 +  +

_ _ _ _   _ _ _ _
1, 2–4, 5, 6, 7   1, 2, 3, 4

_ _ _ _ _ _ _
1=W, 2, 3, 4–7

+

_ _ _ _ _
1, 2, 3, 4, 5

+

_ _ _ _
1= L, 2, 3, 4

 +

_ _ _
1, 2, 3

_ _ _ _ _
1, 2, 3, 4, 5

LÖSUNG:

_ _ _ _ _ _ _ _ _ _

Lösung von Seite 75: LANDWIRBELTIERE

Wer gehört dazu?

Welche fünf Tierarten gehören zu den Landwirbeltieren?
Bilde mit Hilfe des Alphabets die Namen der Tiere!
Die Zahlen geben dir Hinweise auf die einzelnen Buchstaben.

A	B	C	D	E	F	G	H	I	J	K	L	M	N	O	P	Q	R	S	T	U	V	W	X	Y	Z	Ä	Ö	Ü
1	2	3	4	5	6	7	8	9	10	11	12	13	14	15	16	17	18	19	20	21	22	23	24	25	26	27	28	29

Ⓐ = __ __ __ __ __ __
    12 21 18 3 8 5

Ⓑ = __ __ __ __ __ __ __ __ __
    19 1 12 1 13 1 14 4 5 18

Ⓒ = __ __ __ __ __ __
    11 18 28 20 5 14

Ⓓ = __ __ __ __ __ __ __
    6 18 28 19 3 8 5

Ⓔ = __ __ __ __ __
    21 14 11 5 14

Lösung: A. LURCHE | B. SALAMANDER | C. KRÖTEN | D. FRÖSCHE | E. UNKEN

Ferienreise

Vier Familien wollen verreisen. Wer hat welches Ziel?

Lösung auf Seite 78

Lösung von Seite 77: Nordsee: Familie Müller | Mittelmeer: Familie Schulze | Alpen: Familie Lehmann | Ostsee: Familie Meyer

Wandertour

Was muss unbedingt in deinen Rucksack, wenn du wandern gehst? Schreibe alles Wichtige auf!

Gestrandet

Bilderrätsel! Von welchen zwei Dingen träumt der gestrandete Pirat? Schreibe zuerst das Wort für jedes Bild auf und streiche dann die Buchstaben durch.

1, 2, 3, 4   1, 2–4, 5

1=G, 2, 3, 4–6   1–3, 4–7

A ....

1, 2, 3–6   1, 2, 3, 4, 5   1, 2, 3–5

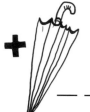 

1–4, 5, 6   1, 2, 3, 4

B ....

Lösung auf Seite 80

Lösung von Seite 79: A. Goldschatz | B. Piratenschiff

Male einen gefährlichen Piraten!

Buchstabenpyramiden

In jeder Pyramide ist ein Wort mehrmals versteckt. Es kann von oben nach unten, von unten nach oben, vorwärts, rückwärts oder über Eck verlaufen. Ziehe für jedes gefundene Wort einen Strich neben der entsprechenden Pyramide!

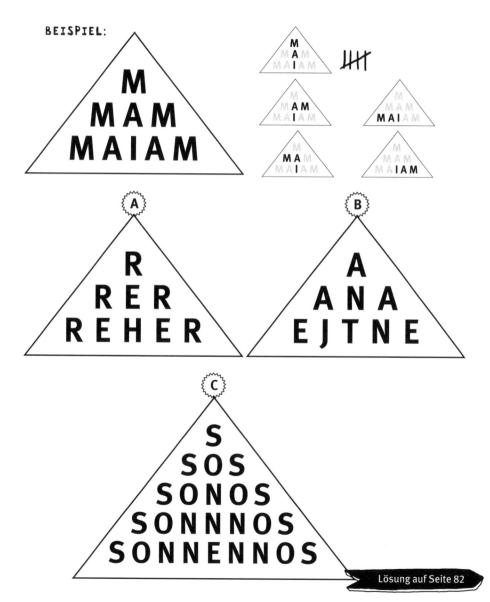

Lösung von Seite 81:

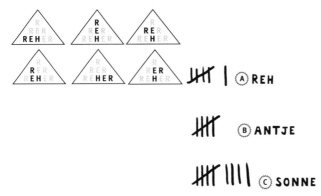

Süßspeise

Streiche alle doppelten Buchstaben durch und bilde aus dem Rest das gesuchte Wort für eine leckere Süßspeise, die man mit Marmelade essen kann.

LÖSUNG: E _ _ _ K _ _ _ _ _

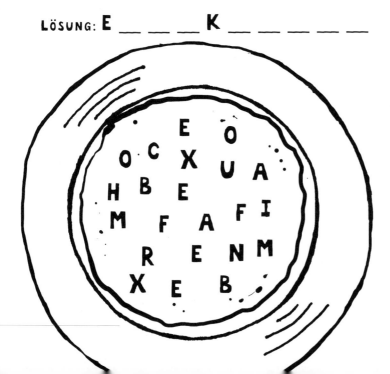

Lösung: EIERKUCHEN

Schlangenwort

Wie heißt das Behältnis, in dem Schlangen als Haustiere gehalten werden? Schreibe jeden vierten Buchstaben auf. Fange am Schwanz an!

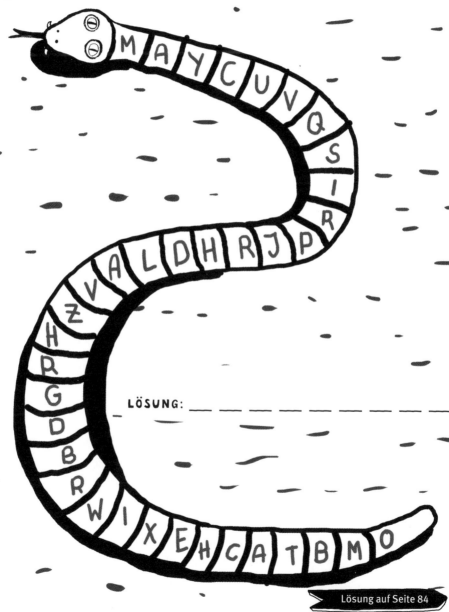

LÖSUNG: _____

Lösung auf Seite 84

Lösung von Seite 83: TERRARIUM

Male das Muster auf der Schlange bunt aus!

Pflanze oder Tier

Bilde immer aus zwei Wortteilen einen Begriff aus der Natur, indem du sie mit einem Strich verbindest!

TIPP
Hinweis: Ein Begriff hört sich wie ein Tier an, beschreibt aber einen Menschen!

kohl

Eichel

Regen

biene

Zacken

Salat

Kaiser

Honig

pinguin

kresse

Schlange

Brunnen

kopf

Brillen

wurm

häher

barsch

Blumen

Bambus

Sprossen

Lösung auf Seite 86

Lösung von Seite 85: Eichelhäher, Regenwurm, Zackenbarsch, Salatkopf, Kaiserpinguin, Honigbiene, Brunnenkresse, Brillenschlange, Blumenkohl, Bambussprossen

Lecker!

Setze aus den Buchstaben auf dem Teller ein Gericht zusammen, das Kinder besonders gern essen. Der erste Buchstabe ist fett markiert.

LÖSUNG: **N** _ _ _ _ _ _ _ _ _ _

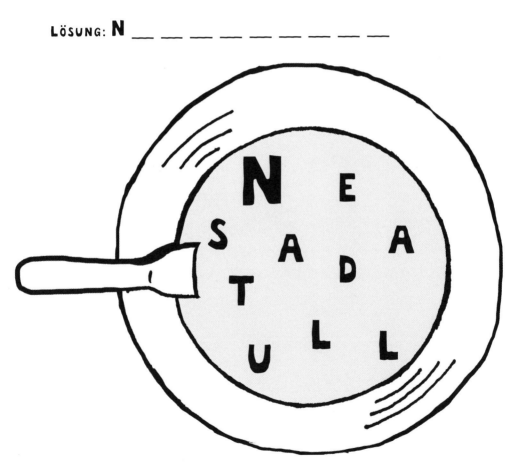

Lösung: NUDELSALAT

Nägel zählen

Fünf Zimmermänner haben in eine Schachtel Nägel gegriffen und eine Handvoll herausgenommen. Schätze zuerst, wer die meisten Nägel hat und schreibe an die Haufen die Zahlen 1 bis 5 (1 hat die meisten und 5 die wenigsten Nägel). Zähle dann nach, ob du richtig liegst!

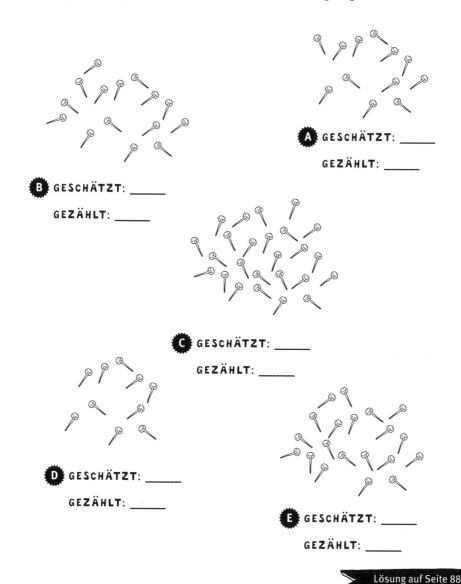

A GESCHÄTZT: _____
GEZÄHLT: _____

B GESCHÄTZT: _____
GEZÄHLT: _____

C GESCHÄTZT: _____
GEZÄHLT: _____

D GESCHÄTZT: _____
GEZÄHLT: _____

E GESCHÄTZT: _____
GEZÄHLT: _____

Lösung auf Seite 88

Lösung von Seite 87:
1=C (25) | 2=E (20) | 3=B (15) | 4=A (12) | 5=D (10)

Zeichne auf das Brett so viele Nägel, wie daraufpassen! Schätze zuerst, wie viele Nägel du unterbringen kannst.

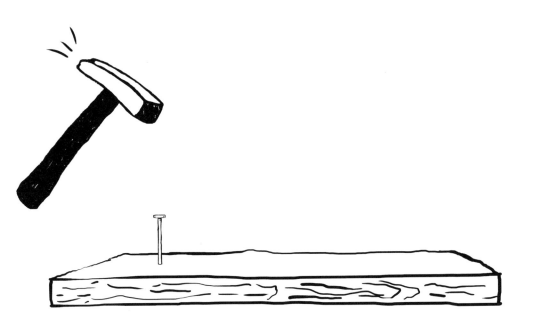

GESCHÄTZT: _____   GEZÄHLT: _____

Fallobst

Der Igel sucht Fallobst zum Futtern. Aber nur das Obst mit einer Zahl aus der Sechserreihe riecht besonders gut. Kreuze diese an!

Lösung auf Seite 90

Lösung von Seite 89: 6, 12, 18, 24, 30, 36, 42, 48, 54, 60

Male dem Igel 42 Stacheln und dem Baum 21 Äpfel!

Vielleicht hat der Igel mit seinen Stacheln etwas aufgepikst.
Was könnte das sein?

Fleischfresser oder Vegetarier

Welche Tiere sind Fleischfresser und welche ernähren sich von Grünzeug? Kreuze an!

	FLEISCHFRESSER	VEGETARIER
ADLER		
EISBÄR		
ELEFANT		
GIRAFFE		
HAMSTER		
HUND		
KATZE		
KUH		
LÖWE		
RATTE		
REH		
SCHILDKRÖTE		
SCHWEIN		
WAL		
WELLENSITTICH		

Lösung auf Seite 92

Lösung von Seite 91:
Fleischfresser: Adler, Eisbär, Hund, Katze, Löwe, Ratte, Schwein, Wal
Vegetarier: Elefant, Giraffe, Hamster, Kuh, Reh, Schildkröte, Wellensittich

Rate mal!

Kreuze die richtige Lösung an.

1. Wie lang ist ein Elefantenrüssel?

○ **a.** 1 Meter
○ **b.** 2 Meter
○ **c.** 5 Meter

2. Wie weit kann ein Schneeleopard springen?

○ **a.** 4 Meter
○ **b.** 8 Meter
○ **c.** 16 Meter

3. Wie lang kann ein Graben werden, den ein Maulwurf an einem Tag buddelt?

○ **a.** 20 Meter
○ **b.** 50 Meter
○ **c.** 100 Meter

4. Wie schnell kann ein Gepard auf kurzen Strecken sprinten?

○ **a.** 50 Kilometer pro Stunde
○ **b.** 100 Kilometer pro Stunde
○ **c.** 200 Kilometer pro Stunde

5. Mit welchen Körperteilen schmeckt ein Schmetterling?

○ **a.** Beine
○ **b.** Fühler
○ **c.** Flügel

6. Wie lang kann ein Blauwal werden?

○ **a.** 33 Meter
○ **b.** 55 Meter
○ **c.** 11 Meter

Lösung: 1b | 2c | 3c | 4b | 5a | 6a

Hummelflug

Die Hummel Erna fliegt von Blume zu Blume.
Zeichne ihren Flug ein. Löse dafür die Rechenaufgaben und verbinde dann die Blumen vom kleinsten Ergebnis zum größten!

Lösung auf Seite 94

Lösung von Seite 93:
0 → 3 → 15 → 16 → 18 → 21 → 25 → 52 → 56 → 81

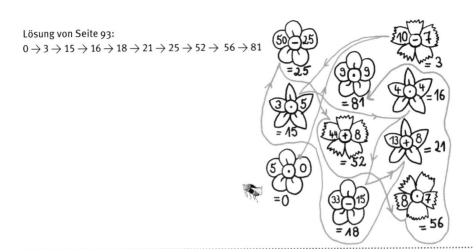

Blumenwiese

Wie viele Blumen siehst du von jeder Sorte? Zähle sie und male die Blüten dann farbig aus.

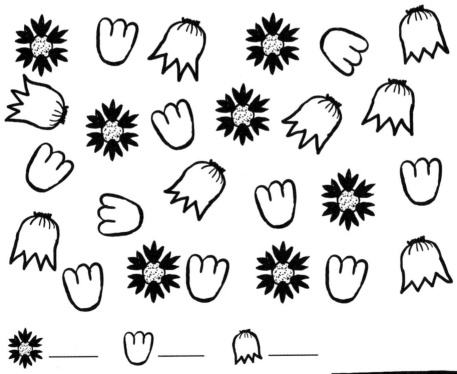

Lösung auf Seite 95

Lösung von Seite 94:

 7   10   8

Buchstabentorte

Zähle die richtigen Buchstaben aus dem Alphabet ab und schreibe sie auf die Striche unten. Das Lösungswort verrät dir einen Anlass zum Feiern.

A B C D E F G H I J K L M N O P Q R S T U V W X Y Z

__ __ __ __ __ __ __ __ __ __
7   5   2   21 18 20 19 20 1   7

Lösung auf Seite 95

Lösung von Seite 95: GEBURTSTAG

Geburtstag

Schreibe deine Geschenkwünsche für den nächsten Geburtstag auf!

❶ _____ ❻ _____

❷ _____ ❼ _____

❸ _____ ❽ _____

❹ _____ ❾ _____

❺ _____ ❿ _____

Wen willst du zu deiner Geburtstagsparty einladen?

❶ _____ ❻ _____

❷ _____ ❼ _____

❸ _____ ❽ _____

❹ _____ ❾ _____

❺ _____ ❿ _____

Wortsalat

Kennst du den Unterschied zwischen den Wortarten?
Dann schreibe in jede Blase ein **H** für **Hauptwort,** ein **T** für **Tunwort,**
ein **W** für **Wiewort** oder ein **B** für **Begleiter**!

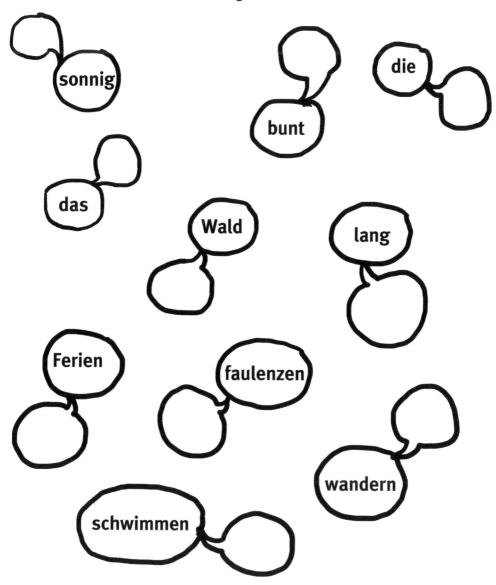

Lösung auf Seite 98

Lösung von Seite 97:
H = Wald, Ferien
T = faulenzen, wandern, schwimmen
W = sonnig, bunt, lang
B = die, das

Aus groß wird klein und umgekehrt!

Bilde aus folgenden Wörtern die entsprechenden Tun- oder Hauptwörter. Achte dabei auf Groß- oder Kleinschreibung und den dazugehörigen Begleiter bei den Hauptwörtern!

Hauptwort		Tunwort
Beispiel: das Spiel	--->	**spielen**
der Schlaf	--->	
	<---	springen
das Rätsel	--->	
	<---	baden
das Telefon	--->	
	<---	blicken
der Flug	--->	
	<---	fahren
der Gang	--->	
	<---	feiern

Lösung: der Schlaf – **schlafen** | **der Sprung** – springen | das Rätsel – **rätseln** | **das Bad** – baden | das Telefon – **telefonieren** | **der Blick** – blicken | der Flug – **fliegen** | **die Fahrt** – fahren | der Gang – **gehen** | **die Feier** – feiern

Deutsche Städte

Umkreise zunächst die sieben Städte, die in Deutschland liegen, und verbinde sie anschließend mit Strichen! Beginne dabei bei der Stadt, die im Alphabet vorne liegt.

Lösung auf Seite 100

Lösung von Seite 99: Berlin | Dresden | Hamburg | Köln | Leipzig | München | Rostock

Male das Haus, in dem du lebst!

Birnenernte

Paula war mit ihrer Familie Birnen pflücken. In jedem Korb sollen gleich viele Birnen liegen, aber nicht mehr als 10. Male dort Birnen dazu, wo welche fehlen!

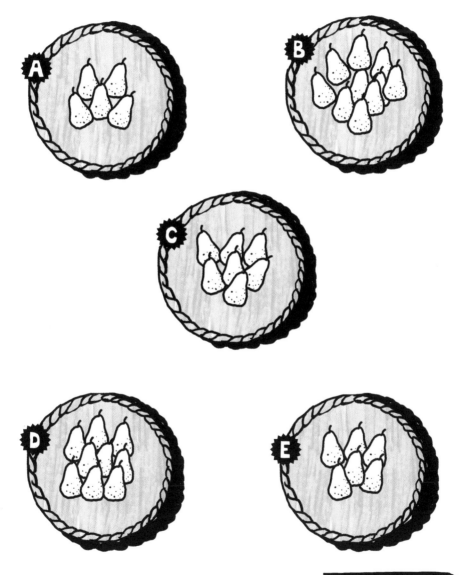

Lösung auf Seite 102

Lösung von Seite 101: In jedem Körbchen müssen 10 Birnen liegen.
A = 5+5 | B = 10+0 | C = 7+3 | D = 9+1 | E = 6+4

Male in den Korb die Obstsorten, die du am liebsten isst.

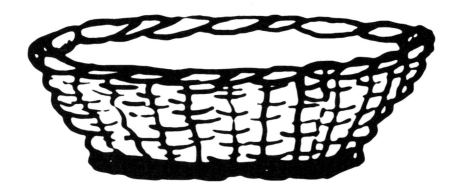

Was passt nicht dazu?

In jeder Reihe kommt ein Begriff vor, der nicht zu den anderen passt. Kreise ihn ein!

1. SCHWALBE AMSEL PINGUIN ADLER TAUBE
2. AUTO FAHRRAD MOTORRAD FLUGZEUG LKW
3. APFEL ZITRONE BIRNE PFLAUME KIRSCHE
4. BALL PUPPE COMPUTER BAUSTEINE BRETTSPIEL
5. TURNEN FUSSBALL TENNIS VOLLEYBALL HANDBALL
6. ROT BLAU GRÜN GELB HELL
7. SCHWIMMEN HÜPFEN SITZEN LAUFEN
8. ROSE TULPE BIRKE VEILCHEN OSTERGLOCKE
9. HOSE RANZEN KLEID BLUSE HEMD
10. FROSCH KARPFEN HECHT BARSCH FLUNDER

Lösung auf Seite 104

Lösung von Seite 103:
1. Pinguin (kann nicht fliegen) | 2. Flugzeug (kann fliegen) | 3. Zitrone (ist kein heimisches Obst) | 4. Computer (ist kein Spielzeug) | 5. Turnen (ist keine Ballsportart) | 6. hell (ist keine Farbe) | 7. sitzen (ist keine Fortbewegung) | 8. Birke (ist keine Blume) | 9. Ranzen (ist kein Kleidungsstück) | 10. Frosch (ist keine Fischart)

Mitbringsel

Laura veranstaltet mit ihren 5 Freundinnen eine Übernachtungsparty. Sie bringt 25 Muffins mit. Wie viele Muffins bekommt jedes Mädchen, damit alle gleich viele haben? Was bleibt dann noch übrig?

LÖSUNG: Jedes Mädchen bekommt _____ Muffins. Rest: _____

Lösung: Jedes der sechs Mädchen bekommt 4 Muffins und einer bleibt übrig.

Ein Wort fehlt!

Trage das fehlende Wort in jeden Satz ein!

1 Am Ende eines Schuljahres bekommen Schüler ein

___ ___ U ___ ___ ___ ___ .

2 Die beste ___ ___ T ___ in der Schule ist 1.

3 Die G ___ ___ ___ ___ ___ ___ ist ein beliebtes Zupfinstrument.

4 Mein Onkel spielt ___ L ___ V ___ ___ ___ .

5 Der grüne ___ ___ O ___ ___ ___ hüpft ins Wasser.

6 Das scheue ___ ___ H flieht in den Wald.

7 Im Nest brüten ___ Ö ___ ___ ___ ihre Eier aus.

8 Zum Geburtstag und zu Weihnachten gibt es

___ ___ S ___ ___ ___ ___ ___ ___ .

9 Auf der Geburtstagstorte stecken ___ ___ ___ Z ___ ___ .

10 Ein Auto hat vier R ___ ___ ___ ___ .

Lösung auf Seite 106

Lösung von Seite 105: 1. ZEUGNIS | 2. NOTE | 3. GITARRE | 4. KLAVIER | 5. FROSCH | 6. REH | 7. VÖGEL | 8. GESCHENKE | 9. KERZEN | 10. RÄDER

Wie sieht deine Geburtstagstorte aus?

Verziere sie nach deinem Geschmack und male so viele Kerzen darauf, wie alt du wirst!

Mit i oder ie in der Mitte?

Trage die Wörter für die Bilder unten in die richtige Spalte der Tabelle ein!

i	ie

Lösung auf Seite 108

Lösung von Seite 107:

i	ie
Birne	Ziege
Fisch	Fliege
Zitrone	Biene
Brille	Brief
Pirat	Stiefel

Welche Wassertiere leben im Meer (M) und welche im oder am See oder Fluss (S)? Schreibe ein M oder ein S neben jedes Bild!

Lösung: M: Delfin, Hai, Qualle, Seehund, Muschel / S: Frosch, Biber, Aal

Wer würfelt mehr?

Fünf Freunde spielen ein Würfelspiel. Wer insgesamt die meisten Augen würfelt, ist Sieger. Zähle bei jedem die Würfelaugen zusammen und schreibe die Platzierungen auf!

TIM: 4 + 2 + 5 + 5 + 1 =

NORMAN: 6 + 5 + 4 + 2 + 1 =

FRITZ: 2 + 2 + 2 + 3 + 3 =

MARVIN: 3 + 3 + 4 + 5 + 6 =

JONATHAN: 6 + 4 + 6 + 3 + 1 =

1. PLATZ: _____
2. PLATZ: _____
3. PLATZ: _____
4. PLATZ: _____
5. PLATZ: _____

Lösung auf Seite 110

Lösung von Seite 109:
1. Marvin (26) | 2. Jonathan (21) | 3. Norman (19) | 4. Tim (18) | 5. Fritz (14)

Würfelaugen zählen

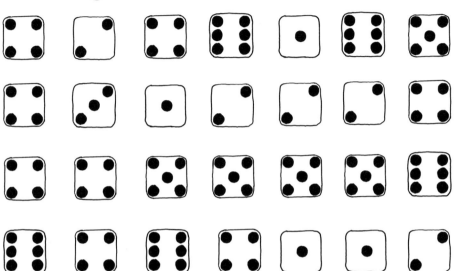

LÖSUNG: _____

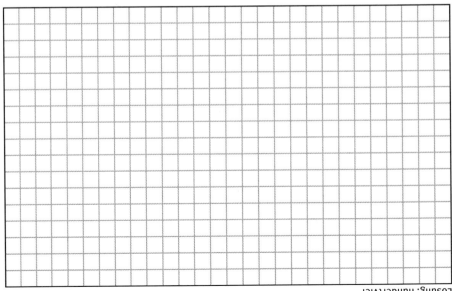

Lösung: hundertvier

Mittagsruhe

Die Familie hält Mittagsruhe, aber nicht jeder macht ein Nickerchen. Wer macht was?

Lösung auf Seite 112

Lösung von Seite 111: Tochter – Handy | Mutter – CD-Player | Vater – Bett | Sohn – Buch

Freizeit

Welche der hier genannten Freizeitbeschäftigungen magst du?
Kreise ein! Fehlt noch etwas? Dann schreibe es dazu.

MALEN   RADFAHREN   AUSFLÜGE MACHEN

BASTELN   WANDERN   BRETTSPIELE

COMPUTERSPIELE

MUSIZIEREN   TOBEN

REITEN   FERNSEHEN

SPORTVEREIN   MUSIK HÖREN

INS KINO GEHEN

TELEFONIEREN   VERKLEIDEN   LESEN

TANZEN

Autorennen

Lasse, Ali und Piet spielen mit ihren Rennautos.
Lasse gehören alle Autos mit den Zahlen aus der 4er-Reihe.
Ali die mit denen aus der 7er-Reihe und Piet die mit denen aus
der 9er-Reihe. Wem gehören welche Autos? Und welche Autos
gehören jeweils zwei Jungen gemeinsam?

Lösung auf Seite 114

Lösung von Seite 113: Lasse: 16, 24, 28, 32 | Ali: 21, 28, 49, 63 | Piet: 27, 63, 81.
Das Auto 28 gehört Lasse und Ali. Das Auto 63 gehört Ali und Piet.

Zahlenmix

Wie oft hat sich hier die **0** versteckt? Kreise alle Nullen ein!

1	2	2	4	5	6	8	9	0	9	6	5	4	2	2
9	7	2	4	2	6	1	2	0	8	5	9	0	5	4
8	5	4	8	2	9	1	0	2	4	1	1	6	8	9
8	9	7	5	4	9	2	9	8	6	9	0	2	3	0
2	5	6	4	6	7	9	6	4	6	5	8	9	0	7
1	9	0	8	9	5	0	6	0	8	6	0	5	0	0
4	8	2	6	0	4	8	2	6	7	4	8	2	6	0
2	4	6	8	0	2	4	6	3	0	4	6	8	0	2
8	5	0	2	5	4	8	9	0	5	1	0	9	6	4
1	6	2	8	4	0	6	2	8	4	6	2	8	3	0
4	7	5	1	2	9	8	4	5	3	5	4	6	8	9
0	6	3	0	7	4	1	8	5	1	5	7	8	0	6
5	0	9	8	6	5	4	2	1	1	2	5	6	9	0
3	2	8	4	2	7	6	5	8	9	9	8	6	0	4
0	8	6	4	2	1	6	5	8	9	2	5	0	8	5

Ergebnis: _____

Lösung: einunddreißig

Zahlenschlange

In diesem Gitter ist eine Zahlenschlange versteckt, der du vom **START** bis ins **ZIEL** folgen musst. Zeichne ihren Weg ein und beachte dabei die richtigen Zahlen. Du erhältst sie, wenn du zunächst die Aufgaben löst.

A ---> 25 + 25 =
B ---> 100 − 16 =
C ---> 13 + 56 =
D ---> 8 · 5 =
E ---> 7 · 7 =
F ---> 50 − 48 =
G ---> 4 · 8 =

H ---> 75 − 50 =
I ---> 7 · 5 =
J ---> 12 − 3 =
K ---> 44 − 13 =
L ---> 3 · 10 =
M ---> 45 − 44 =
N ---> 14 + 14 =

O ---> 99 − 20 =
P ---> 19 + 7 =
Q ---> 100 − 1 =
R ---> 7 · 6 =
S ---> 99 − 32 =
T ---> 19 − 14 =

START

50	84	2	4	5	6	8	9	0	9	0
9	69	2	4	2	0	1	2	0	8	5
8	40	49	8	2	9	1	0	2	4	1
8	9	2	32	25	9	2	9	8	6	9
2	5	2	4	35	7	9	6	4	4	5
1	9	0	8	9	31	31	3	0	8	4
4	8	2	6	0	30	1	4	9	7	4
2	4	1	8	0	2	28	79	3	0	4
8	5	0	2	5	4	8	26	99	42	1
1	6	2	8	4	0	1	2	8	67	5

ZIEL

Lösung auf Seite 116

Lösung von Seite 115:

A ⇢ 25 + 25 = 50	H ⇢ 75 − 50 = 25	O ⇢ 99 − 20 = 79
B ⇢ 100 − 16 = 84	I ⇢ 7 · 5 = 35	P ⇢ 19 + 7 = 26
C ⇢ 13 + 56 = 69	J ⇢ 12 − 3 = 9	Q ⇢ 100 − 1 = 99
D ⇢ 8 · 5 = 40	K ⇢ 44 − 13 = 31	R ⇢ 7 · 6 = 42
E ⇢ 7 · 7 = 49	L ⇢ 3 · 10 = 30	S ⇢ 99 − 32 = 67
F ⇢ 50 − 48 = 2	M ⇢ 45 − 44 = 1	T ⇢ 19 − 14 = 5
G ⇢ 4 · 8 = 32	N ⇢ 14 + 14 = 28	

Obsttag

Die dreiköpfige Familie Rumpel will heute einen Obsttag einlegen. Auf dem Markt kaufen sie 12 Äpfel, 6 Birnen, 3 Gurken, 6 Bananen, 3 Mangos, 5 Tomaten, 3 Salatköpfe, 9 Pfirsiche, 9 Nektarinen und 15 Kirschen. Wie viele Früchte sind das zusammen und wie viele ganze Früchte kann jedes Familienmitglied an diesem Tag essen?

Lösung: **Früchte insgesamt:** 60. Jeder kann 20 Früchte essen (60:3=20). Gurke, Tomate und Salat sind Gemüse und zählen nicht als Obst.

Ballpyramide

In dieser Pyramide ist die Zahl auf jedem Ball die Summe der zwei Bälle, über denen er liegt. Rechne die fehlenden Zahlen aus und schreibe sie in die leeren Bälle!

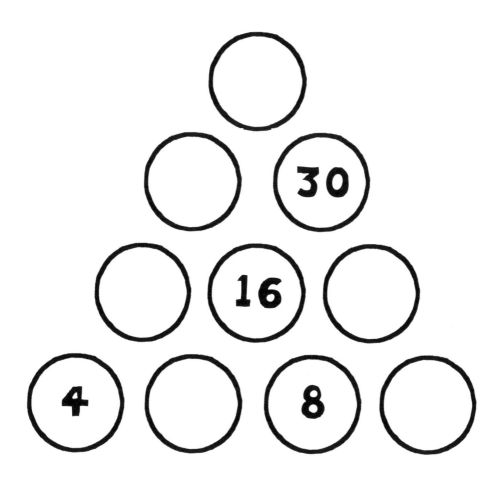

Lösung auf Seite 118

Lösung von Seite 117:

Zeichne die Dreieckpyramide bis zur Spitze weiter und male sie danach bunt aus!

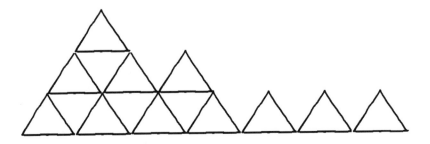

Strumpfpaar

Hier haben sich nur zwei gleiche Strümpfe versteckt.
Kannst du das Paar erkennen?

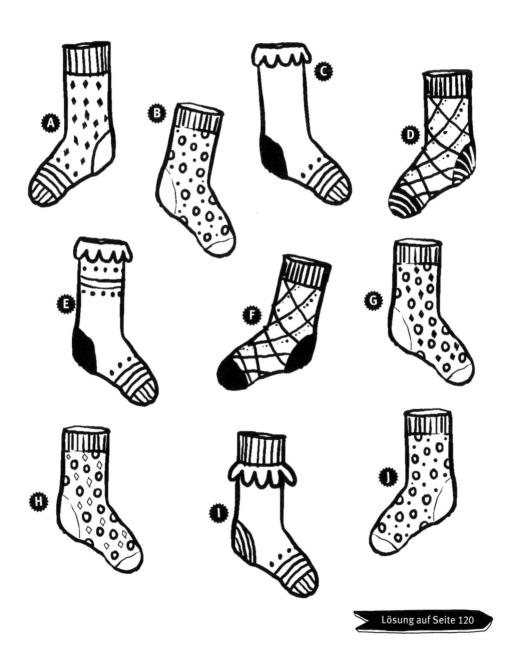

Lösung auf Seite 120

Lösung von Seite 119: Die Strümpfe **B** und **J** sind ein Paar.

Male auf die Strümpfe ein lustiges Muster!

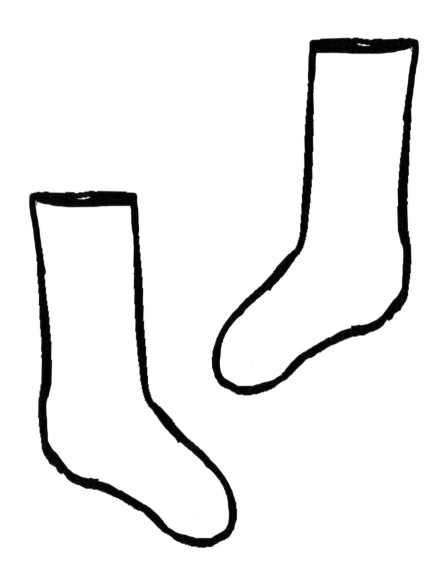

Ausmalen

Male die Anzahl der Bilder passend zu den Ergebnissen aus!

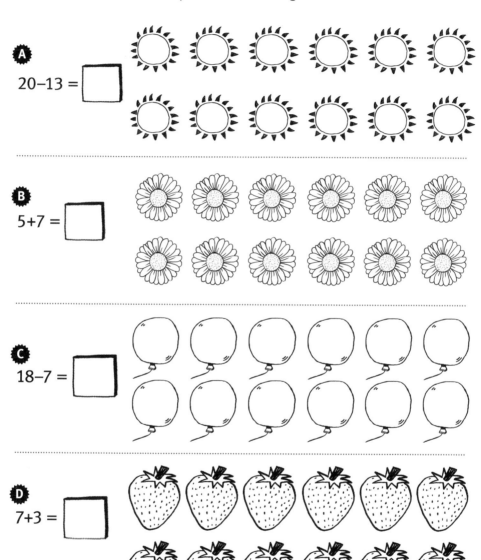

A) 20−13 =

B) 5+7 =

C) 18−7 =

D) 7+3 =

Lösung auf Seite 122

Lösung von Seite 121: A 7 | B 12 | C 11 | D 10

Male den Sonnenschirm bunt aus!

Kinderbowle

Streiche die Zutaten durch, die nicht in eine Kinderbowle gehören!

SENF
ERDBEEREN
EISWÜRFEL
APFELSAFT
ZITRONE
SCHNAPS
KETCHUP
SALZ
MELONE
MINERALWASSER

Lösung auf Seite 124

Lösung von Seite 123: Senf, Schnaps, Ketchup, Salz

Endlose Sommerferien!

Wie oft kannst du das Wort SOMMERFERIEN insgesamt zählen?
Tipp: Trenne die Wörter zuerst durch Striche.

SOMMERFERIENSOMMERFER
IENSOMMERFERIENSOMMERFER
IENSOMMERFERIENSOMMERFE
RIENSOMMERFERIENSOMMERFERI
ENSOMMERFERIENSOMMERFE
RIENSOMMERFERIENSOMMERFE
RIENSOMMERFERIENSOMMERFE
RIENSOMMERFERIENSOMMERFERI
ENSOMMERFERIENSOMMERFERI
ENSOMMERFERIENSOMMERFERI
ENSOMMERFERIENSOMMERFERI
ENSOMMERFERIENSOMMERFERI
ENSOMMERFERIENSOMMERFERI
ENSOMMERFERIENSOMMERFERI
ENSOMMERFERIENSOMMERFERI
ENSOMMERFERIENSOMMERFERIEN

Lösung: zweiunddreißigmal

Wer läuft länger?

Max und Elli wollen sich auf dem Spielplatz treffen.
Wer hat den längeren Weg? Zähle die Minuten, die sie laufen,
auf dem jeweiligen Weg zusammen.

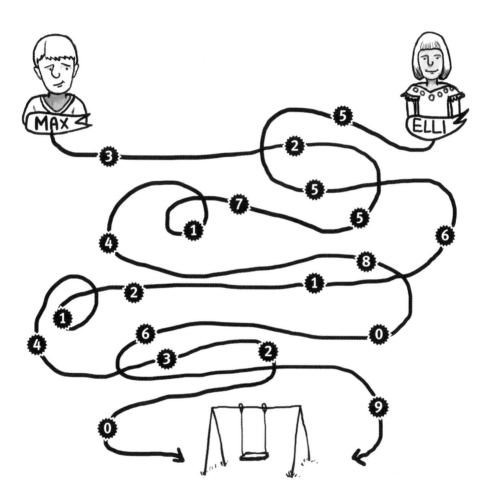

Max: ____ Minuten

Elli: ____ Minuten

Lösung auf Seite 126

Lösung von Seite 125: Max hat den längeren Weg. Max läuft 45 Minuten, Elli 29 Minuten.

Zielscheibe

Welche Zahlen müssen getroffen werden, damit man mit drei Würfen genau 30 Punkte erzielt?

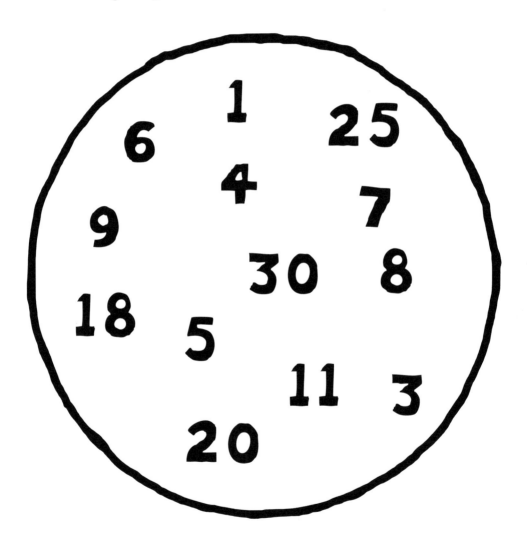

Lösungsmöglichkeiten: 7, 3, 20 / 1, 9, 20 / 5, 7, 18 / 1, 4, 25 / 4, 6, 20 / 3, 9, 18 / 5, 7, 18 / 1, 11, 18 / 4, 8, 18

Was wird gesucht?

Bilde aus den jeweils zwei Beschreibungen ein Hauptwort und schreibe es auf!

A 1. Ein teures Metall, das gelb glänzt.
2. Ein Tier mit Flossen, das im Wasser schwimmt.

— — — — — — — —

B 1. Körperteil mit Fingern.
2. Bekleidungsstücke für die Füße.

— — — — — — — — —

C 1. Gefrorene Süßspeise, an der man lecken kann.
2. Gehört zu vielen Brettspielen und hat „Augen".

— — — — — — — — —

D 1. Gemütliches Sitz- oder Liegemöbel.
2. Weicher Gegenstand, auf den man seinen Kopf beim Schlafen legt.

— — — — — — — — — —

E 1. Fortbewegungsmittel mit zwei Rädern ohne Motor.
2. Ein langes Schmuckstück, das man sich um den Hals legt.

— — — — — — — — — — —

Lösung auf Seite 128

Lösung von Seite 127:
A. Goldfisch | B. Handschuhe | C. Eiswürfel | D. Sofakissen | E. Fahrradkette

Male dein ganz eigenes Sofakissen!

Tierfreunde

Nadine, Malte, Nicole und Joscha haben je ein Haustier.
Wer zu wem gehört, erkennst du, wenn du zwei Namensteile
oben und unten richtig durch Striche miteinander verbindest.
Schreibe dann die vollständigen Namen unter die Tiere.

_____   _____   _____   _____

Lösung auf Seite 130

Lösung von Seite 129: Nadine – Isabella | Malte – Mohrchen | Nicole – Bello | Joscha – Ferdinand

Welches Haustier hast du oder wünschst du dir?
Kreise es ein! Ist es nicht dabei? Dann male es auf.

Benimm dich!

Welche Tätigkeiten sollte man beim Essen nicht tun?
Ergänze die Lücken!

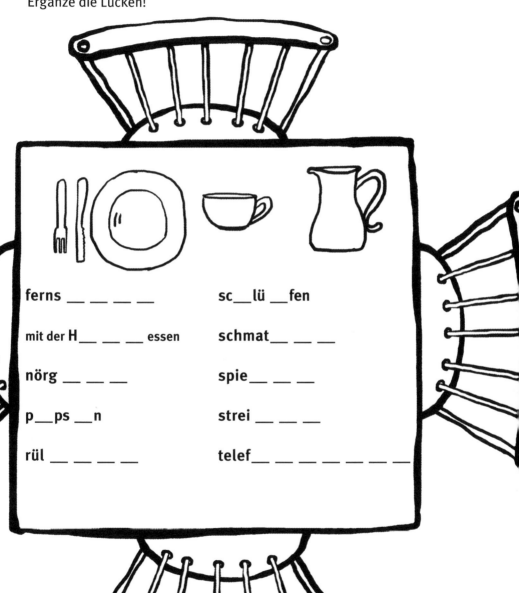

ferns _ _ _ _

mit der H_ _ _ essen

nörg _ _ _

p_ps _n

rül _ _ _ _

sc_lü _fen

schmat_ _ _

spie_ _ _

strei _ _ _

telef_ _ _ _ _ _ _

Lösung auf Seite 132

Lösung von Seite 131: fernsehen, mit der Hand essen, nörgeln, pupsen, rülpsen, schlürfen, schmatzen, spielen, streiten, telefonieren

Wie sieht ein schön gedeckter Tisch aus?
Male auf!

Tortenrechnen

In welchem Tortenviertel wiegen die Schokolinsen genau 10 Gramm? Ziehe immer von 100 die vorgegebenen Zahlen ab! Male dann das richtige Stück aus.

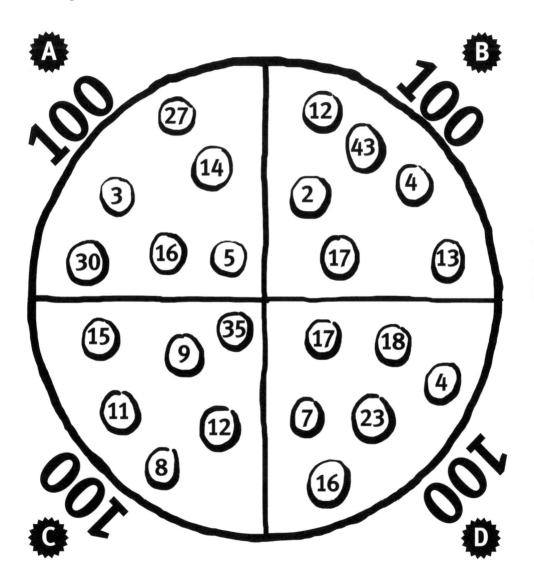

Lösung auf Seite 134

Lösung von Seite 133: A = 5 | B = 9 | C = 10 | D = 15

Tier-Abc

Fällt dir zu jedem Buchstaben ein Tier ein? Falls es schwierig wird, denk dir Fantasietiere aus!

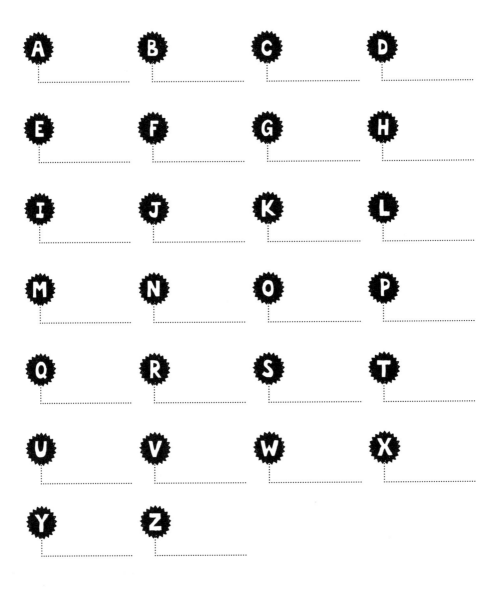

Paare bilden

Verbinde die richtigen Paare zu einem Wort durch einen Strich!

Sommer   stumpf

park

Sonnen

Freizeit

raum   Fahrrad

Dornen

Baum

Fußball

schloss

bad   schuhe

Koffer

hecke

Schwimm

Märchen

helm   creme

Ferien

Lösung auf Seite 136

Lösung von Seite 135: Sommerferien, Sonnencreme, Freizeitpark, Fahrradhelm, Dornenhecke, Baumstumpf, Fußballschuhe, Kofferraum, Schwimmbad, Märchenschloss

Male hinter der Lok ganz viele Eisenbahnwaggons!

Das Jahr hat 13 Monate, oder?

Natürlich nicht! Ordne die Monate im Jahr, indem du eine Zahl von 1 bis 12 dahinterschreibst. Den Quatschmonat streiche durch!

APRIL → _____

AUGUST → _____

DEZEMBER → _____

FEBRUAR → _____

JANUAR → _____

JULI → _____

JUNI → _____

MAI → _____

MÄRZ → _____

MATEMBERZ → _____

NOVEMBER → _____

OKTOBER → _____

SEPTEMBER → _____

Lösung auf Seite 138

Lösung von Seite 137: 1. Januar | 2. Februar | 3. März | 4. April | 5. Mai | 6. Juni | 7. Juli | 8. August | 9. September | 10. Oktober | 11. November | 12. Dezember
Matemberz gibt es als Monat nicht!

Jahreszeiten

Ordne den vier Jahreszeiten immer zwei Ereignisse zu, indem du sie mit Strichen verbindest!

FRÜHLING   **SOMMER**   **HERBST**   **WINTER**

Drachen steigen lassen

Laternenumzug

Erdbeerernte

Ostern

Weihnachten

Schuljahrende

Silvester

Tulpenblüte

Lösung:
Frühling: Ostern, Tulpenblüte | **Sommer:** Erdbeerernte, Schuljahrende | **Herbst:** Drachen steigen lassen, Laternenumzug | **Winter:** Weihnachten, Silvester

Tier-Kreuzworträtsel

1. Vogel am Meer
2. Krabbeltier mit 8 Beinen
3. ungeliebtes Nagetier mit langem Schwanz
4. kleines Pferd
5. großes Tier mit langem Rüssel
6. Stechinsekt
7. Reptil mit gespaltener Zunge
8. Vorfahre des Hundes
9. Raubtier, das gern Hühner fängt
10. Waldtier mit Geweih
11. Tier mit langen Ohren
12. anderes Wort für Falter
13. schwimmender, weißer Vogel mit langem Hals
14. Säugetier, das dem Menschen ähnlich ist
15. Stacheltier

Lösung auf Seite 140

Lösung von Seite 139:

Male in das Aquarium viele bunte Fische

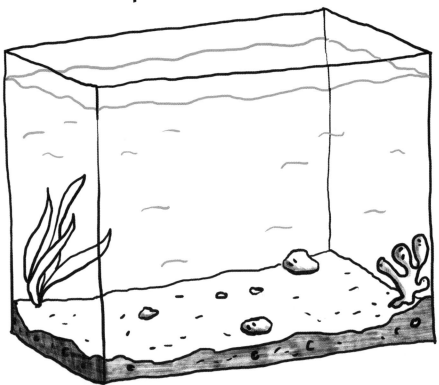

Autokennzeichen raten

Verbinde immer ein KFZ-Kennzeichen mit der dazugehörigen Stadt!

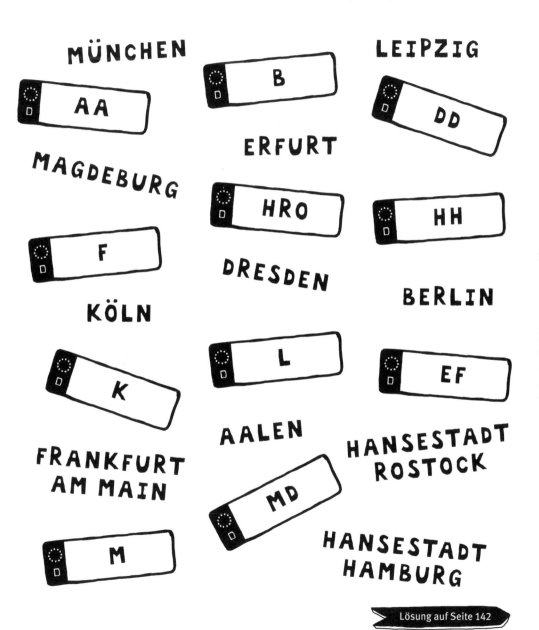

Lösung auf Seite 142

Lösung von Seite 141: AA – Aalen | B – Berlin | DD – Dresden | F – Frankfurt am Main | HRO – Hansestadt Rostock | HH – Hamburg | K – Köln | L – Leipzig | EF – Erfurt | M – München | MD – Magdeburg

Schulwitze

„Die Vorsilbe ‚UN' bedeutet fast in allen Fällen etwas Lästiges oder Hässliches", sagt der Lehrer. „Beispiele dafür sind UNfug, UNsinn. Wer nennt mir noch ein Beispiel?" Meldet sich ein Schüler: „UNterricht!"

Der Lehrer erwischt Lena, wie sie im Unterricht schläft. Er sagt zu Lena: „Hier ist wohl nicht der richtige Platz, um zu schlafen." Lena antwortet höflich: „Ach, das geht schon, aber wenn Sie ein bisschen leiser reden könnten …"

Die Lehrerin schimpft mit Lilly: „Hast du schon mal was von Rechtschreibung gehört?" Lilly antwortet: „Die Rechtschreibung gilt nicht für mich! Ich bin Linkshänder!"

Sohn: „Papa, kannst du im Dunkeln schreiben?" Vater: „Wenn's nicht viel sein muss." Sohn: „Es ist nicht viel. Du brauchst nur mein Zeugnis zu unterschreiben."

Max kommt mit einer Fünf aus der Schule und erzählt: „Der Lehrer hat mich heute gefragt: ‚Wie hoch ist die Schule?' Der Vater fragt: „Und, was hast du geantwortet?" Max: „1,30 m. Ich bin 1,50 m und die Schule steht mir bis zum Hals!"

ss oder ß?

Wann schreibt man **ss**, wann **ß**? Ergänze die fehlenden Buchstaben richtig!
Regel: Nach einem langen Selbstlaut folgt ein **ß**, wie zum Beispiel bei **Spaß**. Nach einem kurzen Selbstlaut schreibt man **ss**, wie zum Beispiel bei **Kuss**.

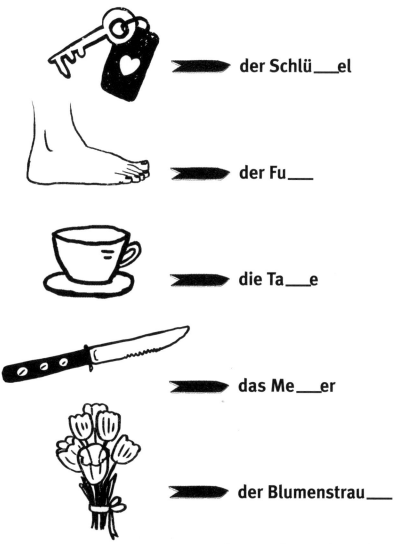

➤ der Schlü___el

➤ der Fu___

➤ die Ta___e

➤ das Me___er

➤ der Blumenstrau___

Lösung: der Schlüssel, der Fuß, die Tasse, das Messer, der Blumenstrauß

Schiffe versenken

Alle Mann an Bord!
Jeder Spieler markiert auf seinem Spielplan die Lage seiner Schiffe. Die Kreuze können senkrecht oder waagerecht liegen. Zwischen den Schiffen muss mindestens ein Kästchen Abstand sein.

xxxxx ═══► Frachter
xxxx ═══► Segelschiff
xxx ═══► Schlepper
xx ═══► Barkasse

Feuer frei!
Gegenseitig werden die Felder abgefragt, zum Beispiel A5. Der Beschossene sieht auf seinen Plan und antwortet mit „Wasser", „Treffer" oder „versenkt". Ein Schiff ist dann versenkt, wenn alle Felder des Schiffes getroffen wurden. Gewonnen hat der Spieler, der zuerst alle Schiffe des anderen versenkt hat.

Beispiel:

	1	2	3	4	5	6	7	8	9	10	11	12
A												
B	X	X	X	X	X							
C												
D							X					
E							X				X	X
F							X					
G							X					
H												
I												
J		X	X	X								
K												
L												
M												

Hinweis:
Die Pläne für dich und deinen Mitspieler findest du auf den nächsten Seiten.

Schiffe versenken: dein Plan

1.

2.

Schiffe versenken

3.

	1	2	3	4	5	6	7	8	9	10	11	12
A												
B												
C												
D												
E												
F												
G												
H												
I												
J												
K												
L												
M												

	1	2	3	4	5	6	7	8	9	10	11	12
A												
B												
C												
D												
E												
F												
G												
H												
I												
J												
K												
L												
M												

4.

	1	2	3	4	5	6	7	8	9	10	11	12
A												
B												
C												
D												
E												
F												
G												
H												
I												
J												
K												
L												
M												

	1	2	3	4	5	6	7	8	9	10	11	12
A												
B												
C												
D												
E												
F												
G												
H												
I												
J												
K												
L												
M												

Schiffe versenken: Plan für deinen Mitspieler

1.

2.

Schiffe versenken

3.

	1	2	3	4	5	6	7	8	9	10	11	12
A												
B												
C												
D												
E												
F												
G												
H												
I												
J												
K												
L												
M												

	1	2	3	4	5	6	7	8	9	10	11	12
A												
B												
C												
D												
E												
F												
G												
H												
I												
J												
K												
L												
M												

4.

	1	2	3	4	5	6	7	8	9	10	11	12
A												
B												
C												
D												
E												
F												
G												
H												
I												
J												
K												
L												
M												

	1	2	3	4	5	6	7	8	9	10	11	12
A												
B												
C												
D												
E												
F												
G												
H												
I												
J												
K												
L												
M												

Stadt – Land – Fluss

Ein Spieler sagt den Buchstaben „A" und sagt anschließend im Kopf das Alphabet auf. So lange, bis der andere „Stopp!" ruft. Mit diesem Buchstaben muss nun für jede Spalte ein Wort gefunden werden. Wer zuerst alle Begriffe aufgeschrieben hat, sagt „Fertig". Dann wird abgeglichen und die nächste Runde folgt.

Auf den Seiten 150 bis 152 findest du weitere Spielbögen!

Beispiel: M

STADT	LAND	FLUSS, SEE ODER MEER	PFLANZE	TIER	BERUF	GEGENSTAND	ENGL. WORT
München	Marokko	Main	Mohnblume	Maulwurf	Maurer	Messer	Mouse

Stadt – Land – Fluss

STADT	LAND	FLUSS, SEE ODER MEER	PFLANZE	TIER	BERUF	GEGENSTAND	ENGL. WORT

Stadt – Land – Fluss

STADT	LAND	FLUSS, SEE ODER MEER	PFLANZE	TIER	BERUF	GEGENSTAND	ENGL. WORT

Stadt – Land – Fluss

STADT	LAND	FLUSS, SEE ODER MEER	PFLANZE	TIER	BERUF	GEGENSTAND	ENGL. WORT

Teekesselchen

In diesem Spiel wird ein Wort umschrieben, das mindestens zwei Bedeutungen hat, ohne es direkt zu nennen. Der erste Spieler wählt zum Beispiel den Begriff Blatt und umschreibt es so: „Mein Teekesselchen ändert im Herbst seine Farbe und auf meinem Teekesselchen kann man malen und schreiben." Die anderen Mitspieler dürfen nachfragen. Antworten darf man nur mit ja oder nein. Wer das Wort errät, ist als Nächster dran.

Beispiele:

→ Tier,
   Krawattenart

→ Tier,
   Warteschlange

→ Sportler,
   kleiner Teppich

→ Weltkugel,
   Gartenerde

→ Tier,
   Computermaus

Galgenmännchen

Zwei Spieler denken sich jeder ein Wort mit mindestens 6 Buchstaben aus und schreiben für jeden Buchstaben einen Unterstrich. Jetzt werden abwechselnd Buchstaben geraten. Kommt der Buchstabe im Wort des anderen vor, muss dieser ihn an die richtige Stelle auf die Linie schreiben, auch mehrmalig. Achtung: Für jeden falschen Buchstaben wird ein Strich für den Galgen gemalt.
Wer errät das Wort des Gegners zuerst? Tippt ein Spieler so oft falsch, dass das Männchen am Galgen hängt, hat er die Partie verloren …

Regeln: ß = ss; ä, ö, ü sind eigene Buchstaben

Tipp: Erfrage zuerst die Vokale **a-e-i-o-u** und streiche die Buchstaben durch, die du beim Gegner erfragt hast.

A B C D E F G H I J K L M N O P Q R S T U V W X Y Z Ä Ö Ü

Platz für Galgenmännchen

A B C D E F G H I J K L M N O P Q R S T U V W X Y Z Ä Ö Ü

A B C D E F G H I J K L M N O P Q R S T U V W X Y Z Ä Ö Ü

Platz für Galgenmännchen

A B C D E F G H I J K L M N O P Q R S T U V W X Y Z Ä Ö Ü

A B C D E F G H I J K L M N O P Q R S T U V W X Y Z Ä Ö Ü

Platz für Galgenmännchen

A B C D E F G H I J K L M N O P Q R S T U V W X Y Z Ä Ö Ü

A B C D E F G H I J K L M N O P Q R S T U V W X Y Z Ä Ö Ü

Käsekästchen

Das Spiel kann man zu zweit oder zu mehreren spielen. Jeder braucht einen andersfarbigen Stift. Auf dem Spielfeld beginnt der Erste, eine Seitenwand eines Kästchens nachzuziehen. Dann geht es abwechselnd weiter. Wer es schafft, die letzte Seite eines Kästchens zu schließen, bekommt einen Punkt und darf einen weiteren Strich ziehen. Wer am Ende die meisten Punkte hat, gewinnt.

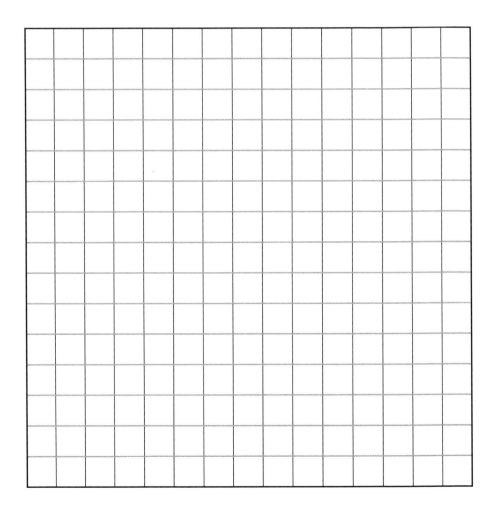

Noch mehr Käsekästchen

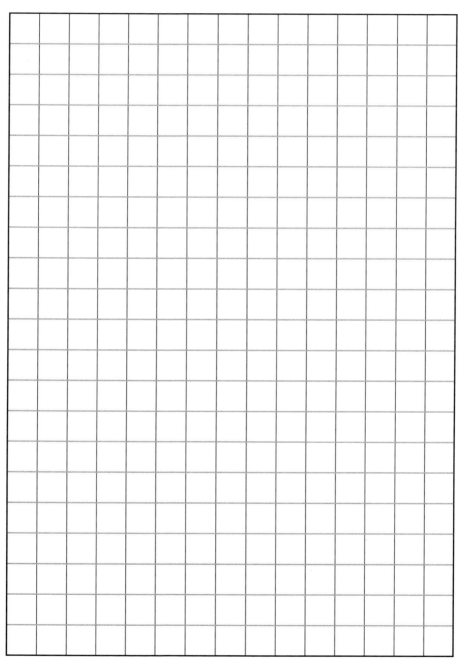

Noch mehr Mitmachspaß:

Das mutige Kritzelbuch
Mach mit, hab Mut!
ISBN 978-3-551-18084-1

Spielbuch
Spiele für drinnen und draußen
ISBN 978-3-551-18323-1

Der Tüftel-Tiere-Rätselblock
ISBN 978-3-551-18713-0

Mein superstarker Fußball-Block
Spiele, Rätsel und Tore
ISBN 978-3-551-18146-6

Das Entspann-Mal-Buch
Zum Ausmalen und Abschalten
ISBN 978-3-551-18706-2

Das total schräge Rückwärtsbuch
ISBN 978-3-551-18149-7

www.carlsen.de